自転車ツーリングハンドブック

山と溪谷社・編

BICYCLE TOURLING

ツーリングの準備から実践まで
サイクリスト必携の一冊

山と溪谷社

ツーリングのはじまりは
「旅に出たい」と思ったそのときから。

本書では
これから自転車ツーリングにチャレンジしたい人のために、
自転車の選び方、輪行ハウツー、
キャンプ、出発前のメンテナンスや、
ツーリング先でのトラブル解決術といった、
自転車旅を安全に、
快適に楽しむために必要な情報を網羅しました。

景色、食、文化、冒険……。
日帰りツーリングから何週間もかけた自転車旅まで、
人によって旅の目的やスタイルはさまざまですが、
旅のなかでなにかを見つけるために、
ペダルをこぐという行為はみんな同じ。
いままで見たことのない景色を楽しみ、いろいろな人と出会い、
その土地の匂いや地形の変化を全身で堪能できるのが、
ツーリングの大きな魅力。
自転車は、そんなかけがえのない体験をもたらしてくれる
素敵な乗り物です。

さあ、あなたも自転車旅に出かけませんか?

ワンマン
2
とどろき
mont-bell

目次　CONTENTS

目次　CONTENTS

コラム

自転車ツーリングエッセイ

旅の持ち物チェックリスト ☑

日帰りならともかく、1泊2日以上の自転車旅となると、いろいろと持ち物も増えてくる。“忘れ物”でせっかくの旅が台無しにならないよう、出発前にもう一度確認しておこう。

□	アイウェア
□	ヘルメット
□	グローブ
□	ウインドブレーカー
□	現金・クレジットカード
□	ボトル
□	キーロック
□	ペダル
□	前後ライト
□	携帯ツール
□	空気入れ
□	スペアチューブ
□	タイヤレバー

□	携帯食
□	マップ
□	時計
□	携帯電話
□	輪行袋
□	ポケットティッシュ
□	パンク修理キット
□	着替え、洗面道具
□	ファーストエイドキット
□	レインウェア
□	テント
□	カメラ
□	充電器

Part 1
ツーリング自転車の選び方

ロードバイクにクロスバイク、ランドナーからキャンピング車まで、全部で7種類の自転車ツーリングスタイルをご紹介。まずは、自分の旅のスタイルをイメージして、方向性に合った自転車を選ぶことから。フレーム素材も自転車選びの大切な要素。この機会にぜひ知っておこう!

軽装ロードバイクスタイル

こんな人にオススメ！

- 日帰りツーリングで長距離を走りたい
- 走りに重きをおきたい
- アップダウンの激しい峠が好き

“長く、速く”走りたいならこれに勝るスタイルなし

ひとくちに自転車ツーリングといっても、行程や走行距離などに応じてスタイルは様々。当然、それに見合った自転車や装備が必要になってくる。

短い時間でなるべく長い距離を走りたいという人は、荷物をコンパクトにまとめ、高速巡航性に優れたロードバイクで一気に距離をかせぐスタイルがおすすめだ。近年はツーリングで使用することを想定して快適性を高めたコンフォート系カーボンロードバイクが各社からラインナップされているので、ぜひこれを活用したい。

また、昔ながらのクロモリフレームを用いたロードバイクも、その耐久性と衝撃吸収性の高さからツーリングに向いている。

1日で100km以上の距離を走るなら、ウェア類も走ることに特化した機能的なものでまとめよう。レーパン、サイクルジャージ、ビンディングシューズなどの装備はロングライドの負担を確実に減らしてくれるアイテムだ。

コンフォートカーボンロード

軽量なカーボンフレームを用いつつ長距離走行性能を高めたロードバイク。レーシングモデルよりも高めのハンドルポジションが体への負担を減らし、ホイールベースを長めにとることで優れた安定性を実現。11-30Tといったワイドなギア比を採用していることも多い

クロモリロード

フレームにクロームモリブデン鋼を用いたロードバイク。アルミやカーボンよりも重いが価格が安く、カーボンフレームのように局所的な衝撃で割れてしまうことがなく信頼性に優れる。フレームがしなることで衝撃を吸収し、推進力をアシストする特性も持っている

街乗りクロスバイクスタイル

こんな人にオススメ！

- スポーツ自転車を日常のアシとしても使いたい
- 5万円台で走れる自転車が欲しい
- ドロップハンドルには抵抗がある

街乗りも長距離も楽しみたい!

　クロスバイクとは、その名のとおりロードバイクとマウンテンバイクをクロスオーバーさせた自転車のこと。巡航性に優れた700Cタイヤに扱いやすいフラットバーハンドル、ワイドなギア設定を組み合わせることで、アスファルトからちょっとした未舗装路まで気軽に走行することができる。ロードバイクほどの高速走行はできないものの、ポジションがアップライトなうえに安価。ツーリングはもちろん、日常のアシとしても活躍してくれるので、ショッピング目的で少し離れた街まで走りに行くといった、スポーツライドと街乗りをミックスしたスタイルにもぴったりだ。

　クロスバイクといっても近年は比較的高めのギア比に細身のタイヤを採用するロードバイク寄りのモデルから、フロントサスペンションを装着するMTB寄りのものまで様々な種類がラインナップされている。自分のスタイルをしっかり見極めてから購入したい。

クロスバイクの大定番

トレック「7.3FX」はクロスバイクの定番モデルとして高い人気を誇っている 。ホイールベースを長めにとったフレームジオメトリーと太めの32Cタイヤ、衝撃吸収素材を使用したエルゴグリップを装備することで長距離ツーリングも快適にこなす

頑丈なクロモリ自転車

クロスバイクでロングツーリングをしたいならアンカー「UC5」のようなクロモリフレームのモデルがおすすめ。長旅になるほどクロモリの丈夫さや快適性が生きてくるからだ。重い荷物を載せてもキャリアの取り付け部などが破損しにくい

快走シクロクロススタイル

こんな人にオススメ！

- 速さを妥協せずロングツーリングしたい
- ホリゾンタルフレームが好きだ
- たまにはダートも走ってみたい

ロングツーリングをロードバイクでこなしたいなら

本来、シクロクロスバイクはオフロードで行われるシクロクロス競技のための自転車だが、じつはツーリングバイクとしてもかなりの実力を持っている。

空気抵抗が少なく、複数のポジションをとることができるドロップハンドルや険しいアップダウンにも対応できるワイドなギア比、快適性の高い太めの700Cタイヤ、ヘッドアングルを寝かせることで安定性を高めたフレームジオメトリーなど、ロードバイクのよさを保ちつつ、ツーリング性能が大幅に高められているのが特徴だ。

ちなみにツーリングで使用するならば、高価で軽量なレーシングモデルではなく、エントリーグレードのモデルのほうがおすすめ。キャリアダボやフェンダーダボが設けられているので旅バイクとしての発展性が高く、重い荷物を積んでしまうと軽量フレームのアドバンテージはほとんどなくなってしまうからだ。

軽量なアルミシクロクロス

手に入れやすい価格ながら、完成車重量は約10kgと軽量なジャイアント「TCX2」。キャリアダボやフェンダーダボを装備するが、フロントギアはロードバイクと同じ50/34Tを採用。どちらかといえば荷物の量を抑えて舗装路をハイアベレージ走行するのに向いている

ディスクブレーキ装着車

アメリカ系ブランドのシクロクロスバイクはツーリングを想定して設計されたものが多い。コナ「ローブ」もそんな一台。クロモリフレームにディスクブレーキ、激坂やダートもこなせる46/36Tのフロントギア、キャリア&フェンダーダボなどを装備する

豪快MTBスタイル

こんな人にオススメ！

- ツーリングでトレイルも走ってみたい
- 1台の自転車で様々なスタイルを楽しみたい
- アウトドアやアウトドアギアが大好きだ

どんな場所も走ってみたいアナタに

空気の澄んだ森の中を縫うように駆け抜けるトレイルライディング。その爽快感は自転車でしか味わえない格別なものだ。そんな山道を楽しみつつツーリングをするなら、選択肢はMTBをおいてほかにないだろう。頑丈なフレームに未舗装路でのグリップや快適性を向上させるフロントサスペンションを組み合わせ、耐パンク性に優れた太めのタイヤ、ハードなアップダウンもこなせるワイドなギア比、制動力の高いブレーキなどをアッセンブル。あらゆる路面状況にも対応できる懐の深さはMTB最大の強みといえよう。ツーリング用として使うなら信頼性の高いハードテイル&機械式ディスクブレーキを採用したモデルがいい。近年はタイヤ径を従来の26インチから29インチとすることで巡航性と安定性を高めたモデルが主流。タイヤを転がり抵抗の少ないスリックタイヤに交換すればクロスバイク並みの高速走行も可能だ。

エントリー向けMTB

ちょっとしたダートならジャイアント「タロン4」のようなエントリーモデルでも充分。リアキャリア取り付け用のダボが装着されているのでツーリング仕様にカスタムするのもいい。ディスクハブや台座が装備されているのでディスクブレーキへのアップグレードも容易に行える

本格装備のクロモリ車

本格的なトレイルライドを楽しみたいならクロモリフレームに油圧ディスクブレーキ、30速のギアを備えたアンカー「XNC7 エキップ」のようなモデルがいい。ただし、競技での使用も見据えたモデルなのでフレームにダボはなし。荷物はライダーが背負うしかない

のんびり小径車スタイル

こんな人にオススメ！

- 小さくてメカニカルなものが好き
- 愛車を自分仕様にしたい
- 楽しいところだけを走りたい

タテよりヨコの快楽主義的ツーリングスタイル

小径車（または折りたたみ小径車）でのツーリングは自転車の特性上、あまり長距離やアップダウンの激しい場所を走るのには向いていない。ロードバイクに比べ、どうしても高速巡航性が劣るし、荷物の積載スペースを確保するのもなかなか難しい。

したがって旅のスタイルは飛行機や電車を使って長距離を移動し、気持ちのいい場所だけをその小回りのよさを生かしてくまなく走り回る、といったものになる。のんびり景勝地を巡ったり、おいしい地のものを食べたりと、タテ移動よりもヨコ移動に重点を置いた快楽主義的なツーリングスタイルといえるだろう。

一方で、小径であるがゆえの欠点をカスタムで補っていく「素材」としての楽しさがあるのもまた事実。近距離移動用に設計された小径車をわざわざロングツーリング仕様にするのは矛盾ともいえる行為だが、これにハマるユーザーは意外と多い。

折りたたみの定番

小さな16インチタイヤに内装3段変速を採用するブロンプトン「M3L」はツーリングには不向きと思われがちだがさにあらず。キャリアやバッグなどのツーリング向けのオプションパーツが豊富にそろっているほか、前後フェンダーも標準装備されているので雨にも対応できる

ミニベロ快走系

コンパクトな車体はそのままにロングライドを可能にしたモデルもある。KHS「F-20RA」はブルホーンバーに細身の20インチタイヤ、カーボンフォークを装備するロードバイク顔負けの快走自転車。フロントダブルの20段変速はバーエンドコントローラーによって操作

正統派ランドナースタイル

こんな人にオススメ！

- 機能だけではなく雰囲気も重視したい
- 70~80年代に自転車にハマった
- 丈夫で長く乗れる自転車が欲しい

時代に流されない伝統のツーリングスタイル

1970~80年代に自転車少年の間で一大ブームを巻き起こしたランドナー。現在も当時を知る40~50代には根強い人気を誇っている。ツーリング用として設計されたランドナーだが、重い鉄フレームに金属製のフルフェンダーを装備するうえに、フォークを抜く必要があるなど、輪行にもひと手間かかる。比較的高価なこともあって、現代では必ずしも合理的なツーリング自転車とはいえないが、そこがかえってロマンチシズムやノスタルジーを感じさせるポイントなのである。

帆布素材のサイドバッグやへラ絞り加工のアルミボトル、タンケンライトなどといった装備品にも伝統的な“作法”が存在するため、一人前のランドナー乗りになるためにはユーザーの側も勉強することが求められる。

ランドナーでの旅はいわば銀塩カメラで写真を撮るような行為。余裕ある大人のツーリングスタイルといえよう。

60年代の雰囲気を再現

フランスのツーリング自転車を日本独自に発展させたのがランドナー。アラヤの「スワローランドナー」は、26インチタイヤにダルマネジで固定するフェンダーやシートステーに取り付けられたインフレーターなど、旅自転車のお手本ともいうべきディテールをもったモデルだ

ミヤタ独自のクロモリパイプ

近年は当時を懐かしむユーザーを対象にした商品が数多くラインナップされている。ミヤタの「アイガー」はランドナー全盛期にブリヂストンサイクルやパナソニック、丸石自転車などの国産メーカーと覇権を競っていたミヤタサイクルが久しぶりに放つランドナーだ

冒険キャンピングスタイル

こんな人にオススメ！

- 長距離を時間をかけて走りたい
- 人里離れたところが好き
- 実用本位なものを好む

自分の脚でとことん遠くまで走りたいアナタへ

自転車にキャンプ用品一式を積んで1週間から数カ月のロングツーリングを行いたい人にピッタリなスタイル。とにかく装備が重いのでライディングそのものにファンな要素があるわけではないが、100km、1000kmという長距離を自分の脚で刻む達成感は何物にも替えがたい。

使用する自転車はランドナーに前後サイドキャリア、サイドバッグを装備した昔ながらのキャンピング車や、ジャイアント・グレートジャーニーに代表されるMTBベースのロングツーリング車だ。エントリーユーザー向けのシクロクロスバイクやクロモリフレームのクロスバイクに前後キャリアを取り付けてロングツーリング仕様にする人も意外と多い。

キャンプツーリングの場合は人里離れた場所を走ることも多々あるので、重い荷物を積載できる耐久性はもちろん、信頼性を重視したものが好まれる。サス付きが選ばれないのはそのためだ。

旅装備がオールインワン

とにかくすぐにロングツーリングに行きたいならオールインワンパッケージを採用するジャイアント「グレートジャーニー」がいい。MTBベースのタフなアルミフレームに前後キャリア、フェンダー、パニアバッグを装備して10万円以下というお値打ちモデル

ベースモデルに最適

自分でパーツをアッセンブルするならサーリー「ディスクトラッカー」のような発展性の高いモデルをベースにしたい。クロモリフレームには前後キャリアダボ、3カ所のボトル台座などを備えるほか、フェンダーを取り付けてもワイドタイヤが装備できるクリアランスが確保されている

フレームに使われている素材を知ろう!

クロモリ　Chromoly　質実剛健さが売りの伝統素材

Neo PRIMATO

鉄にクロムとモリブデンを添加した合金のこと。アルミやカーボンより重く、錆びやすいが、安価で強度に優れるため自転車のフレームでは長きにわたって使用されている。レースではすでに一線を退いたものの振動吸収性の高さからツーリングモデルには現在も多く採用される

ポイント

- 振動吸収性や耐久性が高い
- 価格が安く手に入れやすい
- アルミやカーボンに比べ重い

アルミ　Aluminium　もっともポピュラーな存在

TEAM

マグネシウムなどを添加したアルミ合金のこと。クロモリより軽くて錆びにくく、さらにカーボンよりも安価なためスポーツ自転車には広く用いられている。素材の特性上、乗り心地が固くなる傾向があるので、一般的には荷物を満載した長距離ツーリングにはあまり向いていない

ポイント

- クロモリよりも軽くて錆びにくい
- 安価で手に入れやすい
- 乗り心地は固め

カーボン　Carbon　軽くて強くて快適なマテリアル

R848

現在のロードバイクのフレームで主流となっているのが、炭素繊維を樹脂で固めたカーボン素材。軽くて設計自由度が高く、振動吸収性にも優れているのが特徴。これまでは高価で誰でも手が出せる存在ではなかったが、近年はエントリーユーザー向けのモデルも登場するなどかなり身近な存在になりつつある

ポイント

- クロモリ、アルミ、チタンに比べて軽量
- 振動吸収性が高く乗り心地がいい
- 大きな衝撃を加えると割れることがある

チタン　Titanium　アルミとスチールの美点を兼ね備える

Titanio 3.2,5

鉄とアルミの中間の比重をもつ非鉄金属。軽さ、強さ、柔軟性といった相反する要素を高次元で両立するなど、ツーリング自転車としては理想的な素材だが、加工に手間がかかるため一部の高級モデルにしか使用されていない。またステンレス鋼以上の耐食性を誇り錆びない

ポイント

- そこそこ軽量で振動吸収性がある
- 耐食性が高く錆びない
- 溶接などの加工に手間がかかり高価

初めての自転車旅にはおやじがいた

疋田 智

少年時代、私の英雄は漫画「サイクル野郎」の主人公、丸井輪太郎少年だった。自転車店の息子である彼は、やがて店を継ぐために、武者修行と称して日本一周していた。自転車《ランドナー》にサイドバッグ4つ、テント、シュラフをくくりつけてね。

私は輪太郎のような旅に憧れ焦がれていた。で、中学2年の夏休みにそれを計画したわけだ。ところが一人でそれをすることに中学校が難色を示した。私が窮余の策として考えたのが「おやじを巻き込む」という手だった。親と一緒なら学校が出てくる隙もあるまい、と。

当時44歳のおやじと14歳の私は、そういうわけで二人でランドナー旅に出かけた。宮崎県日南市から、県境を越えて鹿屋、桜島。鹿児島市を通って、えびの、小林、宮崎に至るというテント3泊4日の旅。全行程400km強、途中のえびの高原は標高1000m以上になり、それなりに（中2には）歯ごたえのあるコースだったと言っていいと思う。

えびの高原を登ろうとしている中2の私。リアのパニアバッグがレトロで泣かせる

しかし、私以上に歯ごたえがあったのは、むしろおやじだったろう。おやじの自転車は借り物だったし、別段、自転車が趣味というわけでもなかったから。それでも400km走りきった。父子旅はそれ以降の人生の礎にすらなった。

現在の私はすでにあの頃のおやじの歳を超えた。息子が2人いる。上が5歳で下が3歳。彼らが中学生になった頃、同じような旅をしようと思っている。その時、私は56歳である。だから私は今から体力を蓄えておかねばならない。

疋田 智（ひきた・さとし）
自転車ツーキニスト、NPO自転車活用推進研究会理事。都市交通に自転車を活かすことを提言しつつ、毎日の自転車通勤をこなす日々。『だって、自転車しかないじゃない』（朝日文庫）ほか著書多数。

Part 2

ツーリングの基本装備とウェア

「ツーリングには何を持っていけばいい?」。そんなシンプルな疑問にこたえるべく、必需品から、あったら便利な旅道具を網羅。また、ヘルメットやウェア、ビンディングシューズ、そしてシーズン別コーディネートといった、快適かつ楽しく走るための基本装備についても紹介しよう。

ツーリングに持っていくもの——その1

自転車旅の必需品

アーレンキー
トラブルや調整時に必要。 小型でセットになったものが好ましい

キーロック
飲食店や観光地に行って自転車を駐輪するときのためのマストアイテム

携帯電話
現代人の必需品。 山奥では通じないことがあるので注意したい

現金・クレジットカード
現金はもちろんだが念のためクレジットカードも持っておきたい

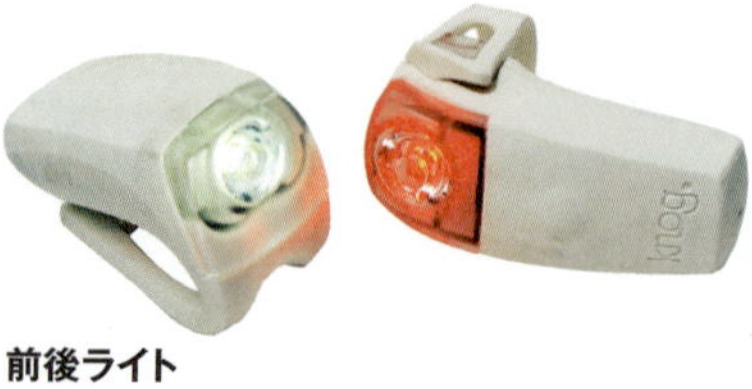

前後ライト
フロントは白、 リアは赤が基本。 昼間でもトンネル内などで必要になる

ボトル
保冷効果のあるタイプがおすすめ。 マメな水分補給を

ウインドブレーカー
峠は下界と比べるとかなり
気温が下がるのだ

ポケットティッシュ
チェーンオイルなど汚れの拭き
取りほかいろんな場面で使える

輪行袋
自走不能になったとき
にも役立つ。エンド
金具も忘れずに

携帯食
ハンガーノックになるその前に。
空腹になってからでは遅い

地図
該当ページだけをコピーするの
が◎。スマホでも代用可

パンク修理3点セット

ワンデイツーリングならパッチを使ったパンク修理をするよりも、チューブを交換したほうがてっとり早く確実だ。タイヤレバー、チューブ、空気入れ（CO_2ボンベでも可）。このどれかひとつが欠けても用をなさないのでセットで持ち運ぶようにしよう

ツーリングに持っていくもの——その2

プラスアルファの旅道具

洗面道具
泊まりがけのツーリングになると洗面具が必要。女性は日焼け止めなどのスキンケアグッズも忘れないようにしよう

パンク修理キット
ゴムのり、紙やすり、タイヤレバーなどのセット。長距離ツーリングをする人は、新品のチューブとともに持っておきたい

コンパクトカメラ
防水・耐衝撃・手ぶれ補正などが備わったアウトドア系のカメラがおすすめ。コンパクトかつ軽量なものを選びたい

レインウェア
数日間のツーリングになると天気が読みづらいので、降雨時のことも考えておこう。防風シェルとしても活用できる

着替え
シャツ、アンダーウェア、靴下など状況に応じて持っていきたい。速乾性があるものを選べば、洗濯してもすぐ乾く

充電器
忘れがちなのがカメラや携帯といった電子機器類の充電器。どれぐらい使ったら電池が切れるかも把握しておこう

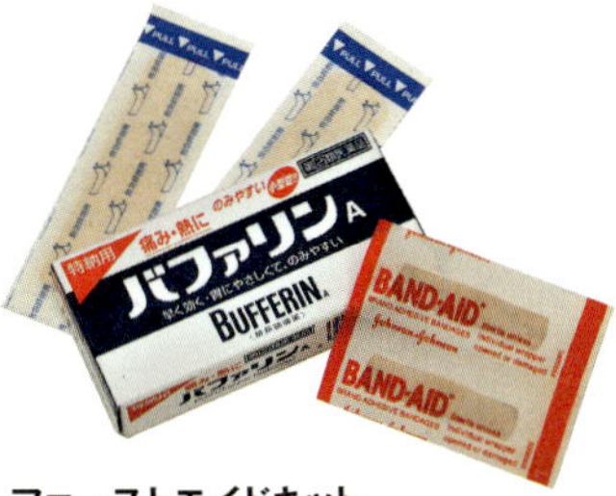

ファーストエイドキット
1泊2日程度なら問題ないが、長期間走るのであれば、ぜひ。絆創膏や風邪薬など自分の経験と相談して

忘れ物はありませんか?

ツーリングの荷物や量は旅のスタイルによって人それぞれ。忘れ物をしたら現地で購入するという手もあるが、準備は入念に行おう

ムダな荷物を減らしてツーリングを軽快に

日帰りであればサドルバッグに収められるくらいの量ですむが、泊まりとなると着替えや充電器といったプラスアルファのアイテムが必要になる。ここに並べたものは基本的なアイテムだけなので、目的地や気温に合わせて自分なりに増減するようにしよう。また、これ以外にヘルメットやグローブ、サングラスといった基本装備も忘れずに。いずれにせよ、あれもこれもと詰め込みすぎると、自転車を楽しむという本来の目的をスポイルしかねない。心と体が身軽でいられるよう荷物もコンパクトに抑えるようにしよう。

ツーリング中の補給食について

複数人でツーリングするときは、体力や走るペースなどにばらつきがある。先頭の人が率先して補給をうながすように

おにぎり

ツーリング中のもっとも手頃な補給食、おにぎり。炭水化物はおよそ2～4時間でエネルギーになる

ドリンクタイプのゼリー

腹もちはあまりよくないが、おにぎりではトゥマッチなんてときにサッと補給することができる

バランス栄養食

ゼリー系よりももう少し胃袋に残るものが欲しいときはコチラ。喉が渇きやすいので水分も一緒にどうぞ

甘味

どらやき、ようかん、大福はサイクリストに人気の高い補給食。カロリーが高くて腹もちがいいのだ

水分

ミネラルウォーター、アミノ酸系など自分の好みに合わせて。喉が渇いていなくても意識して飲むように

休憩ポイントに最適なコンビニ。トイレ使用可のところも多い。周囲の人に迷惑にならないように自転車を駐輪しよう

リュックを背負わないのであれば、背中のポケットに補給食を入れておける。上級者は走りながら食べたりもする

「おなかが空いた」と感じるその前に

ハンガーノックとは、極度の低血糖になり思考や動作が鈍ってしまうこと。「どうせプロの世界の話でしょ?」と思ったら大間違い。一般のサイクリストでも充分に起こりうるのだ。長距離を走る人は特に注意してほしい。

ハンガーノックは、適度に補給食を食べることで簡単に防止できる。「おなかが空いた」と感じるその前に、意識的に何かを入れるようにしたい。人里離れたエリアを走るときは、いつもより多めに飲食物を持っていくことを忘れずに。動けなくなってしまってからでは遅いのだ。

ヘルメットの基礎知識

Q ヘルメットを選ぶうえで大切なことは?

A 頭にフィットするヘルメットを!

前後左右に余分な空間が生じず、しっかりと頭にフィットするヘルメットを選ぼう。装着するときは正しくあごひもを締めることも重要。現在市販されているヘルメットはどの価格帯でも安全性が確保されているので、実際に専門ショップで試着して、スタッフからのアドバイスを聞きながら購入するのが一番だ。

Q ヘルメットの価格差って?

A 軽さと剛性が価格に反映されている。

高価なモデルは、快適性を維持するための複雑な通気口を持っている。同時に剛性も確保しなければならないので、製造するときの金型が複雑になってしまうし、風洞実験といった開発費もかかる。そのためおのずと市販価格も高くなってしまうというわけだ。

Q 転倒して強い衝撃を受けたけど再使用して大丈夫?

A 衝撃吸収材が変形したら元には戻らないので即交換を!

ヘルメットが強い衝撃を受けたとき、EPS(内部の衝撃吸収材)が力を分散しダメージを和らげる。シェルに大きな破損がなかったとしても、くぼんだり軟らかくなっている可能性が高い。万が一、同じところをもう一度ぶつけるようなことがあった場合、衝撃を吸収・分散させることができないので非常に危険だ。安全のためにも必ず交換するようにしよう。

こちらは転倒によって割れてしまったヘルメット。この写真を見てもらえば、ヘルメットがどれだけ大切かわかるはず。自転車に乗るときは必ずかぶるようにしよう

Q ヘルメットは何年使えるの？

A 3年くらいを交換目安にしよう。

シェルやEPS、あごひも、インナーパッドなどのすべての素材は、紫外線や汗、湿気などによって経年劣化が進行するので、できれば消耗品と考えたい。使用頻度や状況、保管状況などにも左右されるが、3年を目安に交換するのがベターだ。

Q ヘルメットを丸洗いしても大丈夫？

A しっかり乾燥させれば問題なし。

シェルはもちろん中のEPSそのものも屋外での使用が前提なので、水洗いしても問題ない。注意してほしいのは、あごひもや内装にカビが生えないようにすること。特にハードシェル製品は、シェルとEPSの隙間に入った水分をしっかりと乾燥させる必要がある。高温での洗浄や乾燥は、素材に悪影響を与えるおそれがあるので避けたほうがいい。

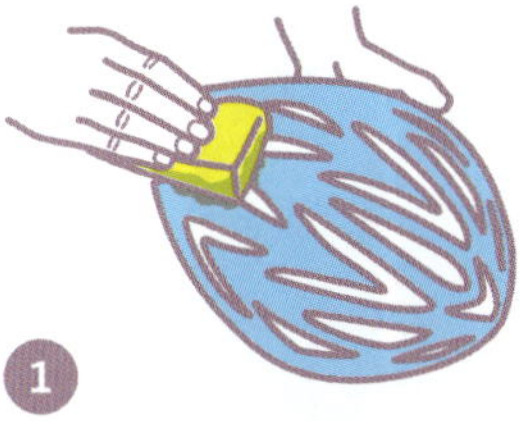

1 まずはやさしく水洗い

少量の洗剤をつけたら柔らかいスポンジなどで汚れを落としていく。たっぷりの水で洗剤が残らないようにする

2 水分を拭き取る

洗い終わったあとは水が1カ所に溜まらないように、乾いたタオルなどで余分な水分をしっかりと拭き取る

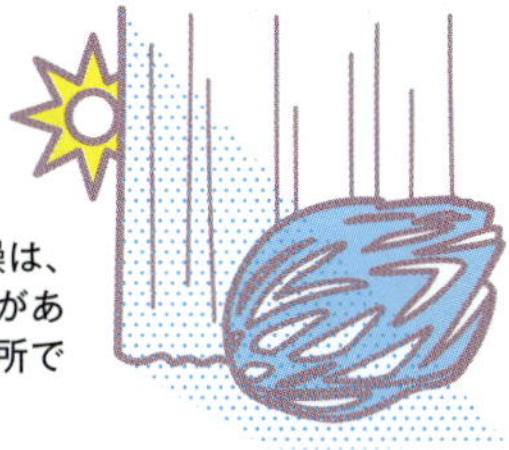

3 しっかり陰干し

直射日光や熱風での乾燥は、ひび割れや変色のおそれがあるので、風通しのよい場所で陰干しをするのが基本

ビンディングの種類と選び方

ロード用

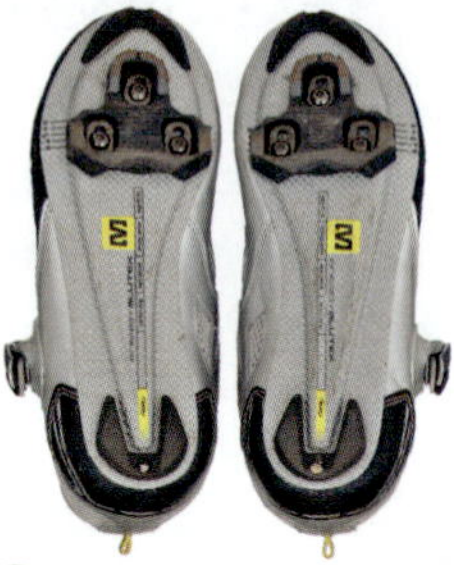

ポイント

- ペダルにダイレクトに力が加わる
- クリートが出っ張っているので歩きにくい
- 着脱はMTB用よりも力が必要

MTB用

ポイント

- ペダルに加わる力はロード用より弱い
- クリートが隠れているので歩行しやすい
- 固定する力が弱いので着脱しやすい

クリートの取り付け

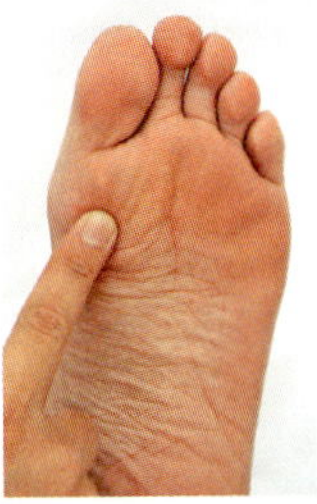

拇指球（親指の付け根あたり）に、ペダルのシャフト軸がくるようにするのが基本。セッティングに正解はないので、ひとまず基本に合わせて、あとは自分で微調整するようにしたい

クリートの取り付けおよび微調整はアーレンキがあれば簡単にできる。走行中にゆるまないようしっかり締めつけよう

スプリング調整

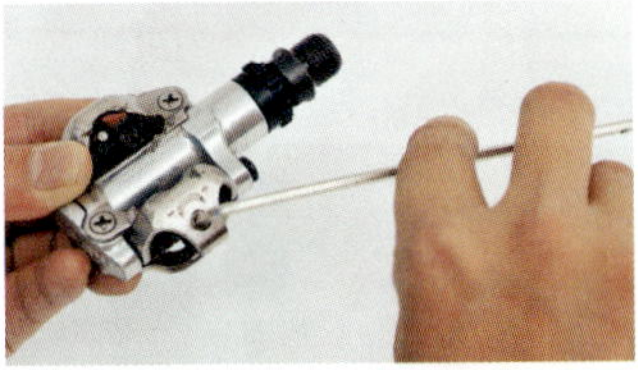

ペダルにはビンディング着脱時の強さを調整するための機構が備わっている。ビギナーはひとまず最弱にしておこう

インソールのすすめ

シューズ内に入っているインソールはほとんどのモデルが取り外し可能だ。疲労軽減、ペダリング効率、フィット感アップなどを目的としたインソールも売られている。写真はフランスのSIDAS製品

自分の走行スタイルに合わせてチョイスしよう

ビンディングとは、「シューズ」に「クリート」という部品を取り付け、「ペダル」と固定させるための仕組み（左ページの写真はシューズにクリートが装着されている状態）。踏みこむ力に加え、引き上げる力も推進力に変えることができるのがメリットで、長距離を走るときやスポーツライドの強い味方になってくれる。一方、カカトをひねることで簡単に着脱が行えるが、慣れないと転倒する可能性もある。

一般的に流通しているのはロード用とMTB用の2種類。ロード用は固定力が強いので、街乗りやツーリングにはMTB用を使っている人が多い。

ビンディングシューズはシューズそのものに加え、ペダルも専用品が必要（なおクリートはペダルとセットになっている）。ロード用のシューズに、MTB用のクリートを装着することはできないので注意してほしい。クリートのセッティングを誤るとヒザの故障につながりかねないので、購入するときは専門ショップに相談しよう。

季節に合わせたウェアの基本——その1

夏

ポイント

上下サイクルジャージだとスポーティすぎるという人は、ハーフパンツを合わせることでグッとカジュアルになる。山の上に行くと気温がかなり下がるので、ウインドブレーカーなどのアウター類を必ず持っていくようにしよう。

速乾性が高いサイクルジャージは、汗をかいてもすぐに乾く。春夏は軽装で出かけるにはピッタリのシーズン!

アイテムをプラス

春

アームウォーマー

ベスト

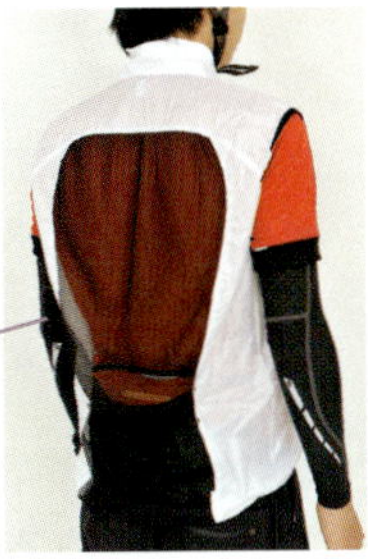

サイクル用ベストやウインドブレーカーは発汗性を高めるため、背面がメッシュ素材になっているものが多い

レッグウォーマー

夏用ウェアをベースにアイテムを組み合わせる

サイクルウェア・コーディネートの基本は「重ね着&組み合わせ」。季節や気温に応じて、アイテムを足し引きすることが、快適ツーリングの秘訣だ。

春～夏期のベースになるのは、夏用のウェア。アンダーウェア+ジャージ+レーパンが基本セットとなる。ジャージとセットで、吸汗速乾性の高いアンダーウェアを着用するのも重要なポイント。汗冷えを防ぎ、保温機能も確保できるからだ。

夏用ウェアをベースに、アームウォーマー、ベスト、レッグウォーマーなどの調温アイテムを組み合わせることで、朝晩の冷えが残る春先や夏場の高所、峠の下りなど、気温が低い状況に対応できる。

季節に合わせたウェアの基本——その2

秋

ポイント

長袖が基本になる。足はもたつきのないパンツやタイツを選びたい。朝・夕と日中の気温差があるときは、暑ければ脱ぐ、寒ければ着るなどして調整できるように。寒いと感じたまま走ると体力・気力がどんどん消耗してしまう。

秋冬は自転車で走るには気持ちのいい季節ではあるが、ウェア選びは慎重に行いたい。アウターは防風・透湿性のあるものがおすすめ

防風性・透湿性の高いジャケット類をチョイス

　秋冬ウェアのコーディネートは吸汗速乾性の高いアンダーウェアをベースに、長袖ジャージを組み合わせるのが基本。そこに防風性の高いウインドブレーカーやジャケットなどを足し引きして外気温に対応しよう。

　寒い時期には、とかく「防寒」に目が行きがちだが、自転車は思いのほか運動量が多く、寒い日でも30分もペダルをこぐと汗をかく。また、冬でも晴天の平地ではポカポカと暖かい日もある。そんなときはジャケットを脱ぐなど、こまめな調節が必要だ。また、汗がウェアの外に放出されずにとどまると、体が冷える原因になる。アウタージャケットは防風性と透湿性を兼ね備えたものを選びたい。

アンダーウェアは快適ライドの要

半袖&ノースリーブタイプ

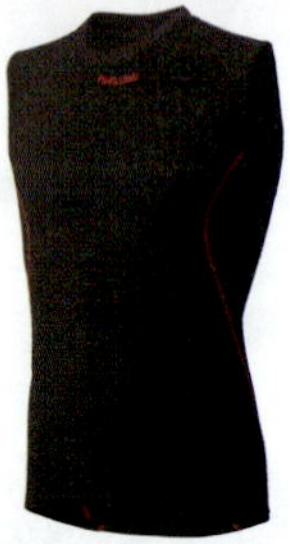

パールイズミ／クール
フィットドライノースリーブ

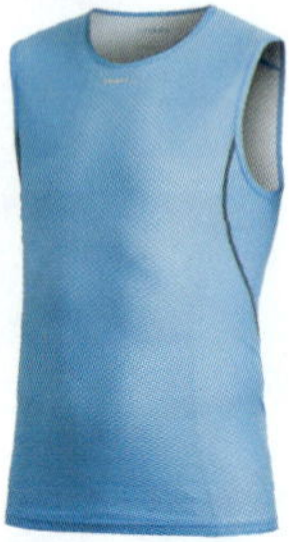

クラフト／ノースリーブ
メッシュスーパーライト

ファイントラック／
メリノスピンライト

長袖タイプ

パールイズミ／クールフィッ
トドライUVロングスリーブ

カステリ／ウノプラズマ
ロングスリーブシャツ

ゴアバイクウェア／
ベースレイヤーウインド
ストッパーシャツロング

汗を吸収してウェア外に発散させる重要アイテム

通常、サイクルジャージは吸汗速乾素材で作られているが、素肌にそのまま着用せず、同じく吸汗速乾性の高いアンダーウェアを組み合わせたい。

ジャージを素肌に着るよりも、アンダーウェアが一枚入ることで、より効率よく吸汗し、水分を素早くウェア外に発散できる。その結果、汗冷えが少なくなり、より快適なライドが楽しめるのだ。半袖・長袖タイプの2つを持っていると、季節に応じて使い分けることができて便利。長袖タイプは、腕の部分にUVカット機能を持たせたモデルもある。

アウトドアウェアを上手に活用しよう

レインウェア＆アウターシェル

ホグロフス／シールドコンプフード

ファイントラック／エバーブレスフォトンジャケット＆パンツ

ミッドレイヤー

ファイントラック／ヴェロキラップジャケット

モンベル／EXライトウインドジャケット

ザ・ノース・フェイス／モーメンタムフーディ

いろんなシチュエーションで着回せる汎用性が魅力

厳冬期などハードな状況で走るとき、アウトドアウェアは心強い存在。防風性、防水性、透湿性など、その優れた性能をツーリングで活用しない手はない。

レインウェアはゴアテックスに代表される、透湿性の高い素材のものがおすすめだ。自転車専用の雨具に比べると、背中側が短く、シルエットもゆったりめが多いが、そのぶん汎用性は高い。厳冬期以外はアウターとしても活用できるミッドレイヤー（中間着）は、一着持っていると便利。いろいろなシチュエーションで着回しができる。

もっと気軽に、まだ見ぬ北海道へ

長谷川 哲

「北海道を自転車で走っていて、どこがいちばん印象的?」と、聞かれることがある。「う〜ん、どこもいいとこばかりだからねぇ」などと、つい曖昧な返事をしてしまうが、実際、どこかひとつを挙げるのはなかなか難しい。果てしない大地や幾重にも続くたおやかな丘、まっすぐに延びる直線道路——そんな“いかにも”なところ以外にも、タイプの違ういい景色や道がそこかしこにあって、それらもまたそれぞれに北海道的なのだ。

たとえば、残雪光る山並みをバックに競走馬が駆け回る放牧地。出口があるのだろうかと不安になる深い森のダート道。あるいは紺碧の海と峻険な岩山に挟まれマウイ島あたりの海岸線を思わせる段丘上の道があるか思えば、写真でしか見たことのない北方領土やシベリア沿海州のような茫漠たる景色が広がったりもする。さらには廃墟と化した炭鉱跡や離農地、廃線跡——。走れば走るほど、知っているようで知らない北海道に巡り会い、思いもよらない歴史や横顔に触れることとなる。

道北宗谷の丘陵地を走る。こんな景色も稚内空港を使えば数時間の距離

北海道の自転車旅というと大荷物の長旅をイメージし、学生やリタイア熟年層の特権と思うかもしれない。たしかにそういった旅人の姿は多いが、だからといって短期の旅では物足りないということは決してない。大切なのは大いなる好奇心と己の嗅覚、そして最低限の予備知識（いろんな意味でワイルドですから）。空港ベースの週末旅でも、愛車で走る北海道はきっとこの上なく爽快なはず。ぜひご来道を!

長谷川 哲（はせがわ・てつ）
1964年生まれ。フリーライター。東京での出版社勤務ののち、北海道へ移住。自転車や登山を中心に取材・執筆を行なう。著書に『北海道16の自転車の旅』（北海道新聞社）がある。

Part 3
自転車に荷物を積む

ロードバイクや小径車の実践例をはじめ、キャリアとパニアバッグにまつわるビギナー向けのQ&A、さらには取り付けの細かな装着手順にいたるまで、「自転車に荷物を積む」ためのノウハウをギュギュッと凝縮。これで自転車ツーリングの可能性が広がること間違いなし!

ロードバイクに荷物を積む

ポイント

- サドルバッグとフレームバッグをうまく使う
- スポーツライドを楽しむなら荷物は最小限に
- バックパックはフィット感が高いものを選ぶ

夏はおのずと荷物が少なくなるので、1泊2日であればバックパックだけでも対応できる

フレームバッグ

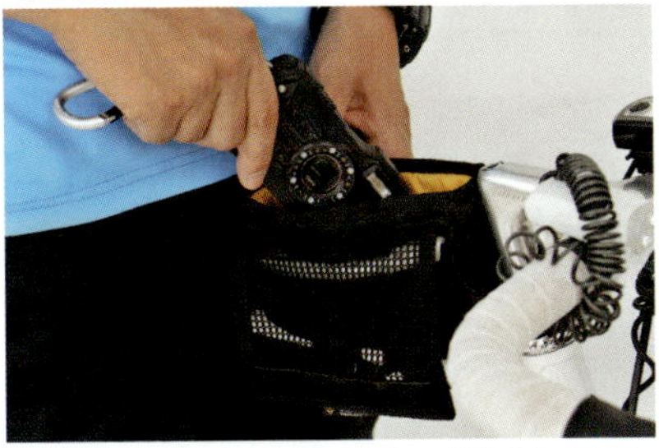

容量、デザインともに様々なものが売られている

バックパック

自転車専用品もあるが、アウトドアブランドのものを使うのも手

サドルバッグ

大きめのサドルバッグには、工具やパンク修理キットのほか、雨具なども収納できる

本来の魅力をスポイルしない積載を！

長距離を効率よく、ハイスピードで走行できることがロードバイクの醍醐味。ツーリングの際は、本来の魅力をスポイルすることがないようスマートに荷物を積もう。カーボンフレームはもちろん、中級以上のほとんどのロードバイクにはキャリアダボがないので、まずは荷物を最小限にすることから。バックパックで重い荷物を背負ってしまうと重心が高くなり、ダンシング時に体が左右に振られて疲労につながるからだ。フレームバッグやサドルバッグを併用し、バックパックはなるべく軽くコンパクトなものを使用したい。サドルバッグもフレームから大きくはみ出してしまうと空気抵抗が増し、走りに影響を与えてしまうので注意しよう。

折りたたみ自転車に荷物を積む

ポイント

- 純正オプションパーツをうまく使う
- キャリアがあれば荷物をくくりつけることも
- パニアを取り付ければ長期旅行も可能に

小径車は純正オプションが豊富。キャリアやバッグなど様々なパーツを展開している

パニアバッグ

路面やカカトに当たったりしないか購入前に確認しよう。できれば仮装着させてもらおう

アタッチメント

ハンドルに専用のアタッチメントを付ければスマホをナビ代わりにすることも

バックパック

パニアがあればもっとコンパクトなバッグでもいいだろう

小さい車体でも工夫次第で積載量アップ

　コンパクトで持ち運びがしやすい折りたたみ自転車（フォールディングバイク）は、輪行時に便利ではあるものの、ロングツーリングとなるとやはり積載性の面で不安が残る。そんなときはバックパックはもちろん、ダボがなくても取り付けられるハンドルバーバッグやサドルバッグを活用したい。BD-1やブロンプトン、ダホンといったモデルは、折りたたみ時に干渉しないように専用設計されたリアキャリアがラインナップされている。そこにパニアバッグなどを取り付ければキャンプツーリングも可能になるのだ。ちなみに小径車に大きなパニアバッグを付けるとペダリング時に足に当たってしまうことがあるので注意するように。

キャリアとバッグにまつわるQ&A

Q キャリア選びの基本を教えてください。

A 自分の自転車に合った専用のものを。

700Cや26インチ用などキャリアにもいくつか種類があるので、必ず自分の自転車に合ったものを選ぼう。フレームサイズやブレーキの種類によって取り付けできない場合があるので注意したい。専門のショップスタッフと話をするのが一番の近道だ。

Q アルミとスチール、どちらがいいの?

A 自分の走り方に合わせて選ぼう。

アルミ製キャリアは軽いのがメリットだが、そのぶん強度や耐久性が落ちるので、軽い荷物で短い距離を走るとき用として考えよう。スチール製は重量があるが耐久性が高いので、ハードな旅をするならばぜひスチールを選びたい。万が一、折れたりしたときもアルミに比べて修理が容易なこともスチールのメリットだ。

Q キャリアはどんな自転車にも付けられるの?

A ダボがあれば取り付け可能です。

ダボとは、ボルトを通すために設けられた専用の穴のこと。ダボがなくても専用のパーツを使えば取り付け可能だが、強度や積載重量が下がるなどのデメリットがある。そもそもダボがない自転車は、キャリアやバッグを取り付けるように設計されていないということを覚えておきたい。

シートクランプとダボが一体になったパーツを使えば、ダボがない自転車でもキャリアの装着はできる。ただし耐荷重性は低いのでハードな旅には向いていない

Q 前or後ろのどちらか片方に付けるとしたら？

A 前のみに付けたほうが車体は安定します。

どういう状況で走るのかにもよるが、基本的にはフロントのみにキャリア&バッグを付けたほうが走りは安定する。リアのみに付けると、重い荷物を載せたときにハンドリングが不安定になり、走行性能が落ちる傾向がある。乗る前にバランスをチェックしてみよう。

Q 自転車とバッグに相性はあるの？

A リアセンター長がポイントです。

リアセンター（BBからリアハブ中心までの長さ）が短い自転車に、ハイトのあるバッグを装着した場合、走行中にカカトがぶつかることがある。購入前に仮装着をさせてもらうなどして必ず確認するようにしよう。

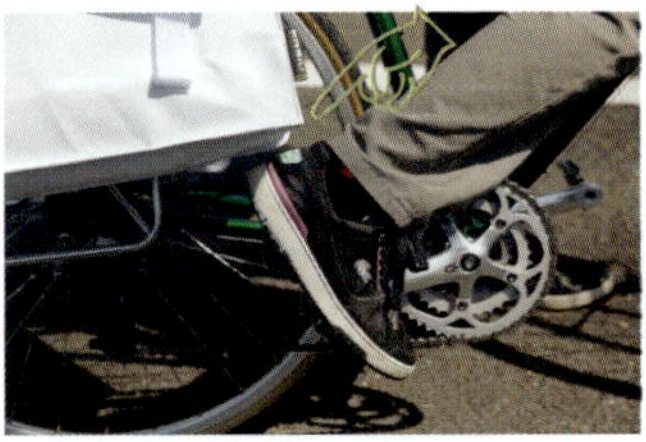

足の大きさなどによっても変わってくるが、カカトがバッグとぶつかると、走りにくいばかりか危険だ。装着前に必ず確認を

Q シートポストがカーボンのものはどうすればいい？

A ぜひ、アルミ製に交換を。

カーボン素材を用いたシートポストが増えてきたが、それにシートポストクランプタイプのキャリアを付けるのはやめよう。装着時に割れることがあり、仮に装着できたとしても荷物を載せたら破断する可能性があるからだ。

ハイエンドモデルに多用されているカーボンは衝撃等に弱い。アルミ製が安心

自転車バッグカタログ

フロントバッグ

オーストリッチ／F702フロントバッグ
上部にマップホルダー、前後左右にポケットを備えた使い勝手のいい大型フロントバッグ。容量14.5ℓ

ドイター／トレイル
ハンドルにステーを取り付けることでワンタッチに着脱が可能なハンドルバッグ。マップホルダーやレインカバーが付属する。容量9ℓ

ブルックス／コーンウォール ハンドルバーバッグ
革と防水キャンバスを使用したクラシックなフロントバッグ。マップホルダーや工具入れのほかスペアのスポークを6本収納できるフックも装備されている

オルトリーブ／フロントローラークラシック
独自の防水素材を縫製ではなく接着することで完全防水を実現したパニアバッグ。サイズがコンパクトなのでフロントキャリアへの取り付けや小径車に向いている。16mm径までのキャリアパイプに取り付け可能。容量は左右で25ℓ

パニアバッグ

バジル／カバンⅡナチュラル
風合いのよい上質なキャンバスにレザーのベルトを組み合わせたパニアバッグ。容量は左右合わせて41ℓ

オーストリッチ／パニアバッグ特大
左右で74ℓの大容量を誇る大型パニアバッグ。耐久性に優れる900デニールのナイロンを使用している

サドルバッグ

アーケル／テールライダートランクバッグ
空気抵抗を考慮して設計されたリアバッグ。レインカバー付属。容量11ℓ

キャラダイス／SQRスリム サドルバッグ
容量16ℓの大型サドルバッグ。下部が防水なので泥よけ代わりにもなる

フレームバッグ

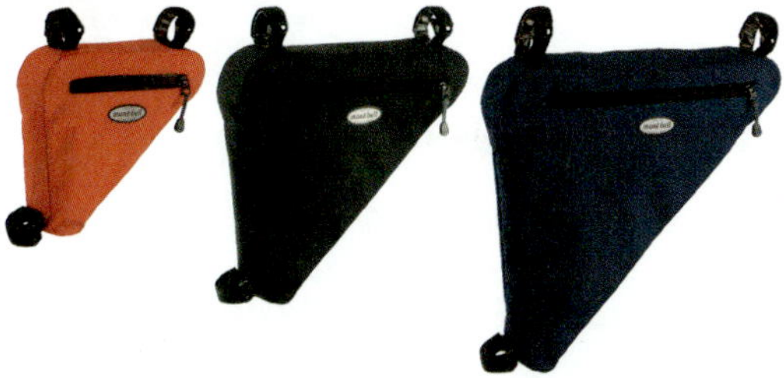

モンベル／トライアングルバッグ
フレーム前三角の内側にベルクロテープで簡単に取り付け可能なバッグ。車体からはみ出さないので風の抵抗を受けにくい。S~Lサイズがラインナップされる

サイクルキャリアカタログ

フロント

日東／ツーリングフロントキャリアM12
カンチブレーキ台座対応のフロントキャリア。スチール製でメッキがかけられている

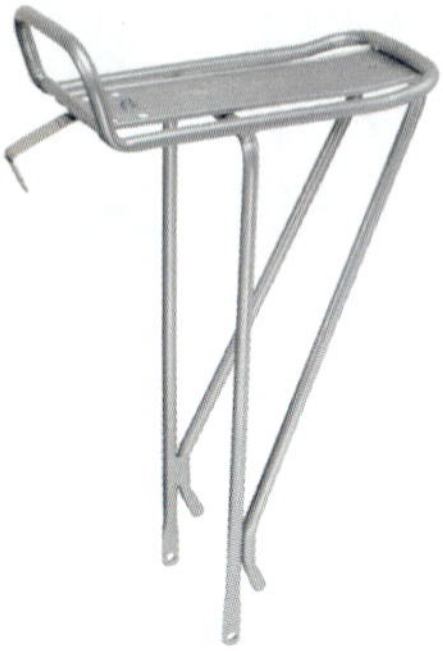

タイオガ／フロントチューブラー キャリア
アルミの中空パイプを使い軽量化を実現させながら、10kgの積載量を可能にしたキャリア

日東／キャンピーフロント
旅人ご用達のフロントキャリア。オールスチールでサイド枠はアーレンキーで簡単に着脱が行える

拡張パーツ

グランジ／ダボ付きシートクランプ
シートクランプとダボが一体になった便利パーツ。すっきりとした見た目なのがうれしい

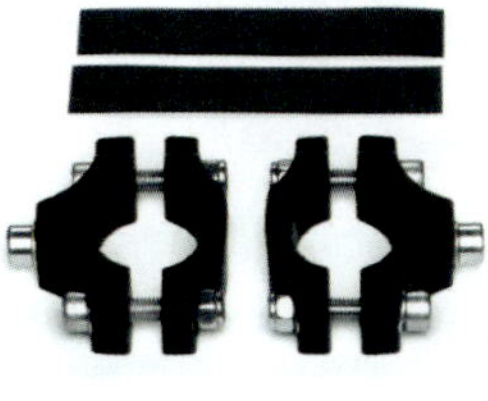

チューブス／フロントフォーク用マウントセット
フロントフォークにダボ穴を設けるためのセット。20-32mm、25-40mmの2種類

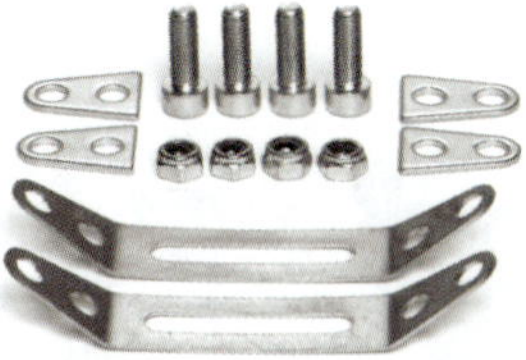

チューブス／シートステイマウントセット
ダボ付きシートクランプが使えないときは、このアイテムでリアキャリアを装着しよう

チューブス／クイックリリースアダプター
リアエンドにダボ穴がない自転車に使用するアダプター。装着は挟み込むだけで簡単

リア

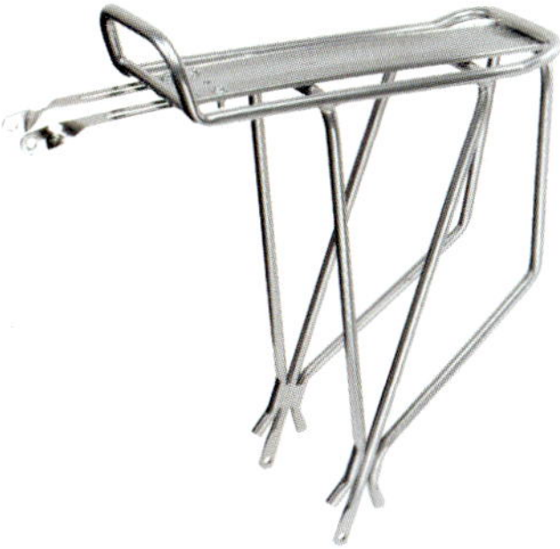

タイオガ／リア チューブラー キャリア
アルミの中空パイプを使用したリアキャリア。主張しすぎないシンプルなルックスが特徴。耐荷重は25kg

チューブス／ロゴ・エヴォ
街乗りからツーリングまで幅広く使える、ドイツのキャリアブランドのフラッグシップモデル。耐荷重は40kg

日東／キャンピー リア
スチールパイプにスパーダルメッキがかけられた本格派。長期旅行に必要不可欠だ

チューブス／ディスコ
クイックリリースで簡単に装着可能なリアキャリア。ディスクブレーキ車にも対応している

シートポストクランプ

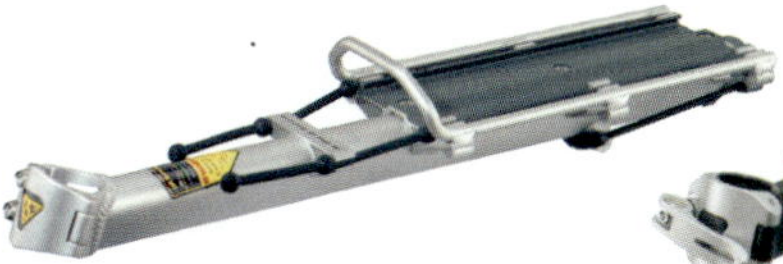

トピーク／RXビームラックEタイプ
シートポストにクランプするタイプのロードバイク向けのサイクルキャリア。着脱は5mmアーレンキーで行う

トピーク／MTXビームラックEタイプ
MTBやクロスバイク向けに作られたクランプタイプのキャリア。クイックリリースなので簡単に着脱できる

自転車にキャリアを取り付ける——その1

ドナーとなったのはアメリカ・サンフランシスコに本拠を置き、日本の東洋フレームで生産されているリーベンデール「ランブレット」。前後に日東のキャリアを付け、そこにオーストリッチのバッグを装着することで「これぞ旅バイク!」という風貌に早変わり。本格的な自転車旅を楽しむ人にオススメしたいスタイルだ。

荷物を積むときのポイント

荷物を積むときに注意してほしいのが前後の重量バランス。前後どちらかに積む場合、フロントのみに荷物を積んだほうが走りが安定し、リアのみの場合は走りが不安定になる傾向がある。その際バッグの位置も重要で、「フロントは高め」「リアは低め」が基本。距離を走らないのであればあまり気にする必要はないが、何日もかけて長距離を走行する場合は頭に入れておこう。また、入れる荷物の量によっても走行フィールはがらりと変わる。

フロントキャリアの装着

1

ブレーキを取り外しキャリアにステーを装着。ブレーキを取り付けるボルトにキャリアを通して固定する。ひとまず仮止め

2

同梱されているステーが何本か入っているので、ゴムバンドを付けたあとどの長さのものが合うか目視で確認する

3

ゴムバンドを広げてフロントフォークに装着し、そこへステーを仮止めする。キャリアが地面と水平になるのが目安だ

4

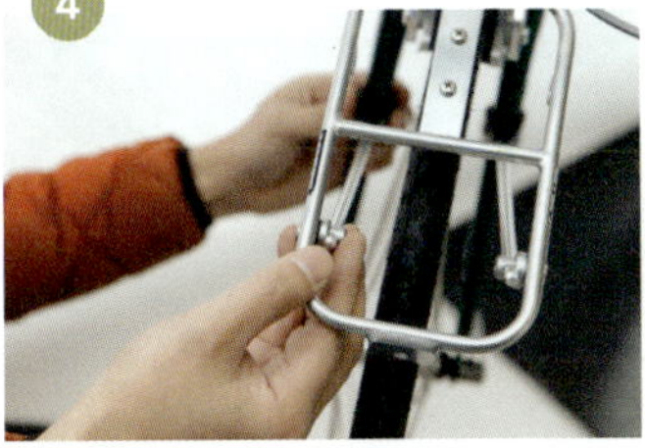

キャリアとステーを仮止めする。左右ともに同じ長さになるようにするのがポイント。少しでもずれると力が逃げてしまう

5

水平器を使って地面とキャリアの上部が水平になっているかを確認。水平器を持っていないという人は目視でも構わない

6

うまく水平がとれたらすべてのボルトを本締めしよう。最後にブレーキキャリパーを固定しシューの当たり調整を忘れずに

自転車にキャリアを取り付ける――その2

リアキャリアの装着

1

チェーンをロー側に移動させ、ダボ穴にタップを立てネジ山をキレイにする。塗料やゴミが入り込んでいることが多い

2

新品はキャリアの幅が狭まっていることがあるので、軽く手でしならせてちょうどよい広さになるよう調整する

3

キャリアとリアエンド付近にあるダボを左右ともに固定する。ボルトを斜めに入れないように。この段階ではまだ仮止め

4

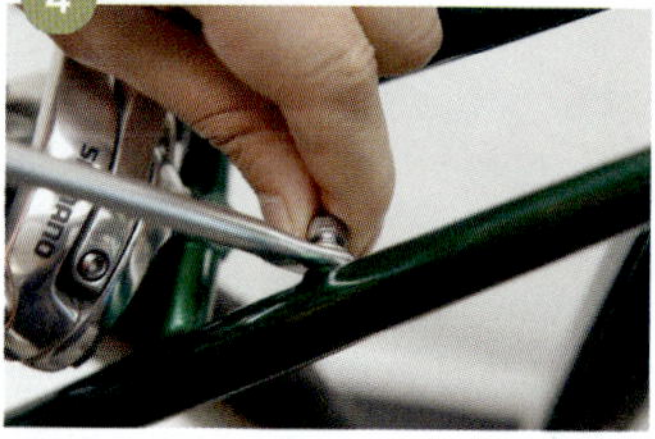

続いてキャリアを支えるステーの長さを調整したあと、ブレーキキャリパー上部にあるダボにセット。こちらも仮止めで

5

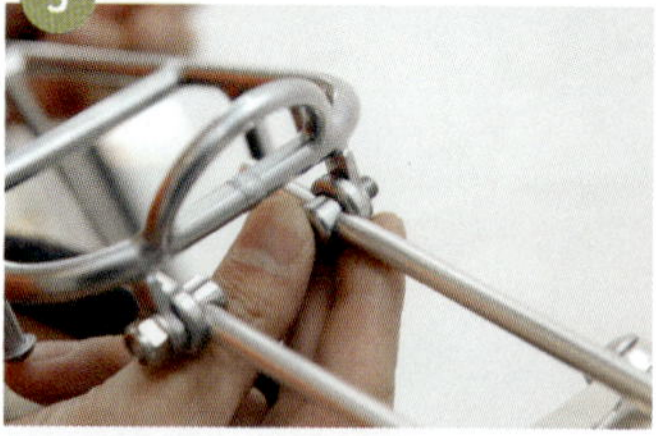

キャリアとフレームの固定が終わったら、今度はリアキャリアとステーを固定しよう。おおむね地面と水平になるように

6

水平器を使用して地面とキャリア上部が水平になっているかを確認。水平器は安いもので1000円程度からある

7

仮止めしていたボルトを本締めする。アーレンキーが軽くしなるくらいの力でいい。締めすぎるとフレームの破損につながる

8

キャリアの固定が終わったら、今度はサイドフレーム。3つのボルトを固定するだけなので簡単だ。まずは仮止めから

9

左右ともにサイドフレームの装着が終わったら本締め。サイドフレームを取り付けなくてもバッグのみの装着はできる

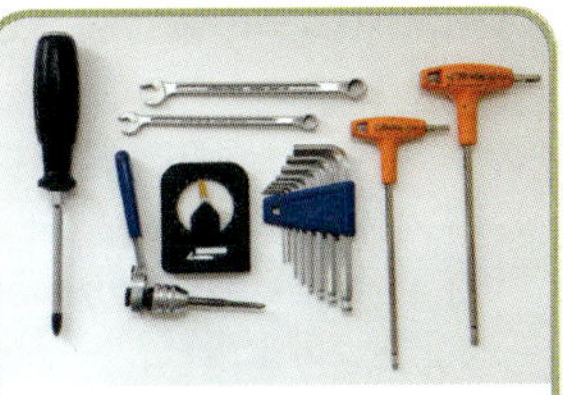

使用した工具

各種アーレンキー、メガネレンチ、水平器、プラスドライバー、タップ立てのみ。作業自体は難しくないが、荷重がかかる場所だけに慎重に行おう

完成!

前後キャリアを取り付けるだけで自転車の雰囲気はガラリと変わる。バッグを付けずにキャリアに直接荷物をくくりつけるというスタイルもある

ホノルルであの歌を口ずさむ

栗山晃靖

ふとしたキッカケでハワイに足を運ぶことになった。わずかだが自由時間もあったので、僕は自転車を持っていくことに。オーストリッチの輪行袋「OS-500」に詰めたのは、サーリーのシングルスピード。変速機のないスポーツ自転車だ。

今まで海外でレンタカーやレンタルバイクを運転した経験は何度もあったが、愛車で走るのはこのときが初。荷物に加えて乗り物も飛行機に積むだなんて、クルマやオートバイには真似できない自転車だけの特権だ。シートはエコノミーだったが気分だけはセレブである。

観光客であふれるホノルルの街をのんびりと散策。観光バスに揺られて街を眺めるのも悪くはないけど、自分の意思と自転車で移動するほうが数倍楽しい。カメハメハ大王像を見て、チャイナタウンで昼食をして、目的地であるモアナルア・ガーデンズへ。「この～木なんの木～♪」のCMでおなじみの木がこの公園の中にあるのだ。「おぉーー!」と目の前に鎮座する巨木に声を上げる僕。木の下に足を運ぶと、木漏れ日が滝のように降り注いでくる。たいした距離ではなかったけれど、自分の自転車でここまで来れたことで喜びはさらに倍増。ホノルルまでの帰り道、あの歌を口ずさみながら、自転車を走らせたのは言うまでもない。

正式名称はモンキーポッド（ねむの木）。花を咲かせるという5月に再訪したい

「海外を自転車で走る」。かなりハードルが高そうに思えるけれど、こんなゆる～い自転車旅だってあるのだ。ハワイのように治安がよく、日本からの直行便が出ているのであればそんなに難しいことはない。ぜひあなたもお試しあれ♪

栗山晃靖（くりやま・てるやす）
クロモリロードとクロモリシングルスピードの2台態勢で自転車ライフを謳歌する(?)、鳥取生まれ岡山育ちの35歳。タイヤの付く乗り物はなんでも好きで、旧ミニとドゥカティの900ssも所有している。

Part 4
キャンプツーリングの最前線

ハードなイメージがあるキャンプツーリングだけど、道具の進化で敷居はかなり低くなった。ここでは、キャンプツーリングをこれから始めたい人のための最新情報を紹介しよう。宿でまったりもいいけれど、開放感たっぷりの自転車キャンプは、一度やったら病みつきになるかも？

キャンプツーリングQ&A

Q キャンプツーリングにおすすめの自転車は？

A ダボのあるクロモリorアルミの自転車を。

いま主流となりつつあるカーボンロードバイクは、荷物の積載に適さない。キャリア類の取り付けがほぼ不可能だからだ。よって、ベースとなる自転車はアルミかクロモリフレームが望ましく、キャリア取り付け用のダボがあるとなおいい。もちろん、ツーリングに特化した自転車を選ぶのがベストだが、一般的なロードバイク、クロスバイク、MTB、ミニベロなどでもキャンプ道具の積載は可能だ。

Q キャンプ道具はどう選べばいい？

A 軽さ、大きさ、快適性、そして走行距離がポイント。

まずは自転車にすべて積めるかどうか、軽さと大きさを見定める必要がある。ただ、自転車と同様に、軽いモノほど高額になるため予算内でバランスよく選びたい。あとはどこまで快適さを求めるか、キャンプ道具を持ってどれくらい走行するかなどもポイントとなる。たとえばソロツーリングでもテントは1人用よりも2人用のほうが快適だし、寝袋も厚手のモノほど温かくて安心。そのぶん重く大きくなるので持ち運びはしにくくなる。自転車の積載量に余裕がないのなら、テントは1.5kg以下の1人用、寝袋はダウンの3シーズン、エアマットに小型ガスストーブ、ソロ用クッカーであれば、トータル重量3kg以下を実現できるので参考にしてほしい。

①ベーシックな1人用テント　②メッシュ地を使ったテント　③3シーズン対応の寝袋　④夏用の寝袋　どのタイプも右ページ写真のパニアバッグに楽に入れることができ、右下のマットやクッカー類も同時に収納可能

Q テントを張るのはどこがいいの？

A 安全を考えるとキャンプ場が一番！

小さくてもテントは家なので、基本的にはキャンプ場を利用したい。費用は若干かかるものの、水道やトイレに不自由することなく、またキャンプ場によってはコインシャワーやランドリーもある。できれば焚き火ができるキャンプ場をおすすめしたい。クルマを使うオートキャンパーのように重い焚き火台を持っての旅はできないので、直火でできる施設に限られるが、炎をいじりながらまったりする時間は非日常の極み。火を使って調理すれば、どんな料理や肴もおいしさを増すに違いない。

憧れの自転車キャンプは、道具の進化によってかなり敷居が低くなった。まずは1泊2日でキャンプツーリングをしてみよう

道具の進化は自転車だけじゃない

長期でツーリングに出かけるサイクリストにとって、キャンプツーリングは当然の手段だが、週末の2日間程度でも充分に楽しめる。その要因のひとつが、自転車と同様に道具が進化し、軽量&コンパクトになったこと。テント・寝袋は以前とは比べ物にならないほど小さくなり、旅の装備をまとめても中型のバックパック（35ℓ前後）に充分に収められるのだ。道具を厳選することで重量5kg未満に抑えることも可能。そうなると、前後パニアという重装備でなくても充分。さらに工夫してシートピラーに取り付ける簡易キャリアを駆使すれば、パニアさえいらないかもしれない。

キャンプツーリングに慣れてくれば、さらに荷物を削ることもできるだろう。テントをビビィシェルターに、マットを短く、シュラフを薄く。もちろん快適さとは反比例することになるが、そのぶん自然との距離がもっと近くなってくるはず。サイクリストであれば、そういう素肌感覚のキャンプも楽しめるに違いない。

最新軽量テントカタログ

ソロテントのド定番！

アライテント／エアライズⅠ

日本を代表するテントメーカー。軽量ソロテントといえばエアライズというほどの信頼性を誇る。大型の前室のあるフライシートにも変えられる

重量＝1.36kg（本体＋フレーム＋フライシート）
サイズ＝間口100×奥行205×高さ100cm　収納サイズ＝29×直径14cm　フレーム38cm

重量わずか1.1kg

ニーモ／オビエリート1P

エクストリームコンディションでのテクニカルギアを開発しているニーモ。斬新なデザインながらも驚異的な軽さとコンパクト性を実現している

重量＝本体0.88kg、付属品込み1.1kg　室内高＝102cm
フロア面積2.0㎡　前室面積＝0.9㎡　収納サイズ＝15×直径15cm

信頼性抜群の山ブランド

MSR／ハバ

マウンテンセーフティリサーチという名のとおり、信頼性の高いブランドのひとつ。伝説的ブランドMOSSから引き継いだノウハウは、このソロテントにも色濃く反映されている

重量＝1.29kg（本体＋ポール＋フライシート）　総重量＝1.47kg
室内高＝102cm　フロア面積＝1.6㎡　前室面積＝0.9㎡　収納サイズ＝51×直径15cm

長距離派におすすめ

ビッグアグネス／
フライクリークUL1 EX
コロラド発のブランドが作った1.08kgという超軽量モデルは、長距離志向のユーザーに人気が高い。メッシュ製キャノピーは暑い夏でも快適だ
重量=1.08kg　サイズ=間口107×奥行218×高さ97cm　フロア面積=2.0㎡　前室面積=0.5㎡　収納サイズ=48×直径13cm

ミニマリストなあなたへ

ブラックダイヤモンド／
スポットライトビビィ
テントではないもうひとつの休息空間スタイルがビビィ型シェルター。プライバシーはほとんど保たれないものの、0.67kgという重量は魅力!
総重量=0.67kg　サイズ=幅76×奥行234×高さ51cm　フロア面積=1.7㎡　収納サイズ=19×直径10cm

旅の日数や荷物の量をイメージして

　テント選びの際に気になるのが室内の広さである。ただ寝られればいいのか、それともテント内で快適な時間を過ごしたいのか、必ず自分の旅のスタイルをイメージしてから選ぶようにしたい。一昔前に比べたらテントそのものが軽量・コンパクトになったとはいえ、室内が広ければ広いほどそのぶん重量増につながるということも覚えておきたい。

　ちなみに短期であれば1人用でも苦になることはないが、長期になるとストレスを感じてしまうはず。2人用ぐらいのスペースがあるほうが荷物の整理がしやすいし精神的にもラク。選ぶときの目安にしてほしい。

シュラフ&マットカタログ

シュラフ

モンベルのベストセラー

モンベル／ULスパイラルダウンハガー#5

日本が誇るアウトドアブランドが作ったベストセラー。スパイラルという構造によってストレッチ性も持たせた革新的な一品。アクティビティのジャンル問わず人気

重量=460g　ボディサイズ=～183cm　収納サイズ=直径12×24cm

羽毛でもなく化繊でもない

ファイントラック／ポリゴンネスト4×3

独自の視点で機能に妥協しないモノづくりを行っているジャパンブランドの寝袋。羽毛でも化繊綿でもないまったく新しい素材は、濡れに強いギアとして旅をサポート

重量=430g　ボディサイズ=～185cm　収納サイズ=直径13×26cm

独自の縫製技術

ドイター／アストロ+4

独自の縫製技術を駆使した製品は、ヨーロッパの山岳シーンでも活躍。素材だけでなく全体の構造や細部までこだわったディテールが快眠をもたらしてくれる

重量=470g　サイズ=205×75×48（全長×幅[胸部]×幅[足部]）cm　ボディサイズ=～185cm　収納サイズ=直径13×21cm

長距離ツーリストへ

イスカ／ピルグリム370

ダウンに代わる新素材を中綿に採用したモデル。濡れても保温力を失わないため、ハードな使用が想定されるシーンでの信頼性が高い。長距離ツーリストにおすすめ

重量=680g　サイズ=208×78（全長×肩幅）cm　収納サイズ=直径14×25cm

スリーピングマット

定番のマットといえば

サーマレスト／ネオエアーXライト(レギュラー)
絶大な信頼性と人気を誇る定番マットは、様々な長さから選べる。足元をバッグ類などで補う方法を用いれば、頭部から背骨の長さまでで充分だったりする
重量=350g　使用サイズ=51×183cm　厚み=6.3cm　収納サイズ=直径10×23cm

エアの充填もラクラク

ニーモ／ゾアミディアム
わずか2.5cmの厚みに独自の空間構造を採用することで、軽量化と断熱性を両立させている。空気入れも短時間で行えるので、肺活量の少ない女性にも最適
重量=367g　使用サイズ=51×160cm　厚み=2.5cm　収納サイズ=直径11×20cm

ベッドのような寝心地

ビッグアグネス／エアコア マミー
デコボコのある地面でも快適に寝られるエアボリュームと、軽量・コンパクト性を両立させたモデル。ロングタイプなのでベッドのような寝心地が得られる
重量=510g　使用サイズ=51×183cm　厚み=8cm　収納サイズ=直径9×25cm

使用可能温度は目安程度に考えよう

夏用シュラフは薄く(軽く)、冬用は厚い(重い)というのが基本で、ほとんどのシュラフには「使用可能温度」が表示されている。ただ、必ずしもそれに合わせれば快適に過ごせるというわけではない。予想以上に冷えたときなどは、暖かさを確保するために持っている服をすべて着るといった工夫が必要。特に足先の冷えには注意しておきたい。購入する際に使用温度は重要だが、それだけを鵜呑みにせず臨機応変にやりすごせる知恵も持ち合わせよう。また、スリーピングマットがあると寝心地はよくなるほか、地面からの底冷えを防ぐことができる。

もっとキャンプを楽しむためのギア

ストーブ

ジェットボイル／ジェットボイルSOL
オールインワンのバーナーセットは、サーモレギュレートテクノロジーによる低燃費が特徴。1～2泊であれば小型の燃料ひとつで足りてしまう
重量=397g　出力=1512kcal/h

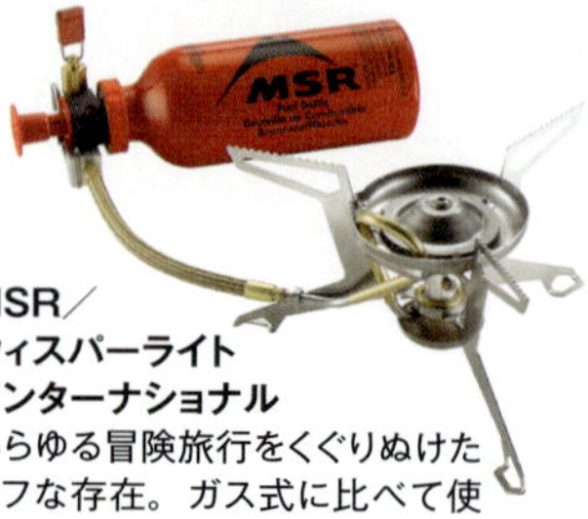

MSR／ウィスパーライトインターナショナル
あらゆる冒険旅行をくぐりぬけたタフな存在。ガス式に比べて使いやすいとはいえないが、ランニングコストを抑えられるメリットは大きい。燃焼の音も魅力
重量=441g　出力=2772kcal/h

プリムス／153ウルトラバーナー
安定した火力と携行のしやすさで高い信頼性を得ている定番アイテム。様々なクッカーの大きさに対応するようゴトクの長さが2段階で調整できる
重量=110g
出力=3600kcal/h

SOTO／ウインドマスター
低温時でも安定した火力を維持できるマイクロレギュレーターを搭載。軽量かつコンパクトなのも特徴。大型4本式ゴトクも別売りで用意されている
重量=67g　出力=2800kcal/h

クッカー

MSR／チタン2ポットセット
鍋つかみと2つの鍋がセットでこの軽さはチタンならでは。パスタを茹でながらソースを作るといったときの必需品

モンベル／アルパインクッカーディープ11
ふたを鍋にすることで軽量化と機能性を両立。中にガスカートリッジと小型のガスストーブが収納できる

プリムス／アルテックポット1.0L
250サイズのガスカートリッジが収納できるので、調理セットとしてコンパクトに持ち運ぶことができる

DUG／HEAT-I
熱伝導率を向上させる、ヒートエクスチェンジャーシステムを搭載した低燃費クッカー。お湯が沸くまでの時間短縮や燃料セーブに

小物類

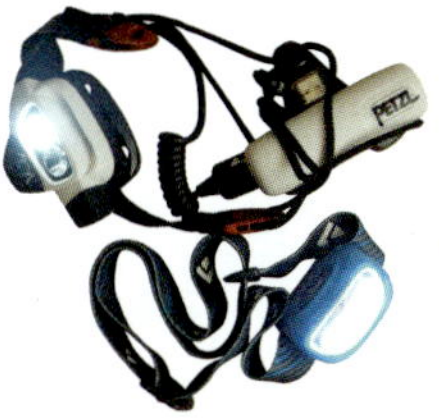

ヘッドランプ
夜に欠かせない明かり。調理や夜道の散策などで両手が自由に使える。荷物を少なくしたい人はフロントライトでも代用可

ライター
ストーブの火花が飛ばなくなったときのために。ガムテープを巻いておくと焚き火のときの着火剤変わりにもなる

カップ
湧水を飲む、お酒を酌み交わす、味噌汁を作る。カップが必要とされる機会は、実はかなり高いのだ

カトラリー
モノを大切にするのならお気に入りのカトラリーを自転車旅に携行しよう。箸は分割タイプが主流になっている

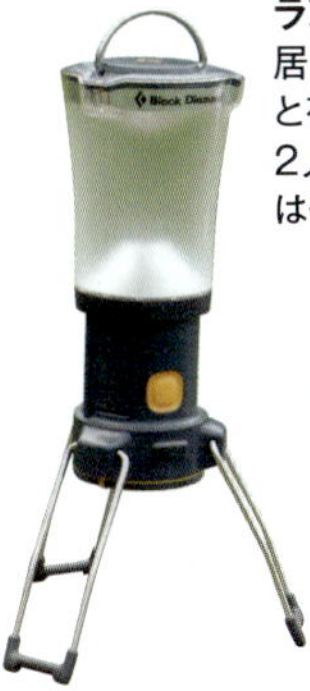

ランタン
居住空間を広く照らせると夜の時間が充実する。2人以上でくつろぐときはその恩恵が受けられる

サンダル
自転車用シューズはどうしても歩くのに不向き。サンダルがあるだけでテント生活が快適になる

ナイフ
調理をするときに必要なので1本は持っておきたい。プライヤー付きであれば様々なシーンで使えるのでオススメ

装備の軽量化と快適なキャンプは登山に学ぶ

自転車より登山のほうが重量がかさむことにシビアな側面がある。したがって、キャンプ用品は登山アイテムから流用するのが間違いない。その手の本を読んだり、専門店に足を運ぶなどして積極的に情報を入手しよう。

田舎には鍵はないけど愛がある

石田ゆうすけ

スイスの山々に囲まれた小さな村でのことだ。橋の上に自転車をとめ、川を見ていたら、とぼけた顔のオヤジがニヤニヤ笑いながらやってきた。

「どこから来たんだい?」

問われるままに答えていると、「あそこに家族がいるから一緒に飲もう」とオヤジは川沿いのパブを指さした。

そっちに移動すると、オヤジは次々にビールをごちそうしてくれた。さらには彼らの家にまで引っ張られていき、再びビールビールビール。もういらん、と手を振ってもオヤジはニヤニヤしたまま僕のグラスにビールをゴボゴボと注いでいく。大学の新歓コンパかよ、と思いながら僕も意地になって飲み続け、久しぶりにふらふらになるまで酔っ払った。結局、そのまま泊めてもらうことになった。

家には高校生のひとり娘と、おじさんに負けず劣らず陽気な母さんがいた。その母さんが、「私と主人は明日の早朝に出かけるから、あんたは好きな時間に出ていきな」と言う。思わず耳を疑った。年頃の娘さんや家のことは心配じゃないのだろうか? それに……、

スイスの田舎で撮影。アルプスの絶景も圧巻だが、村のひなびた情緒も素敵

「あの、鍵はどうすれば?」

「ウチはいつも鍵なんかしないよ。ずっと開けっ放しさ」

「えっ?」

「あはは、私はこの家の鍵がどこにあるかも知らないわ」

……世界一周の旅ではこういった出会いが数えきれないくらいあった。自転車旅行の美点はいくらでも挙げられるが、ひとつを、と言われたら、僕は迷わず“普通の旅行者は行かない田舎”での人との交流——と答えると思う。

石田ゆうすけ(いしだ・ゆうすけ)
旅行作家。1969年、和歌山県白浜町生まれ。『行かずに死ねるか!』から続く自転車世界一周シリーズ3部作は国内外で累計30万部を超えるヒット作に。近著は『地図を破って行ってやれ!』(幻冬舎)。

Part 5
ツーリングのプランニング

自転車旅に出発するうえで、プランニングは欠かせない。事前にどういう旅をしたいかをイメージして、ツーリングの充実度をアップさせよう。アナログな地図からGPSなどの電子機器デバイス、さらには自転車旅を楽しくするためのウェブサイトといった最新情報も紹介。

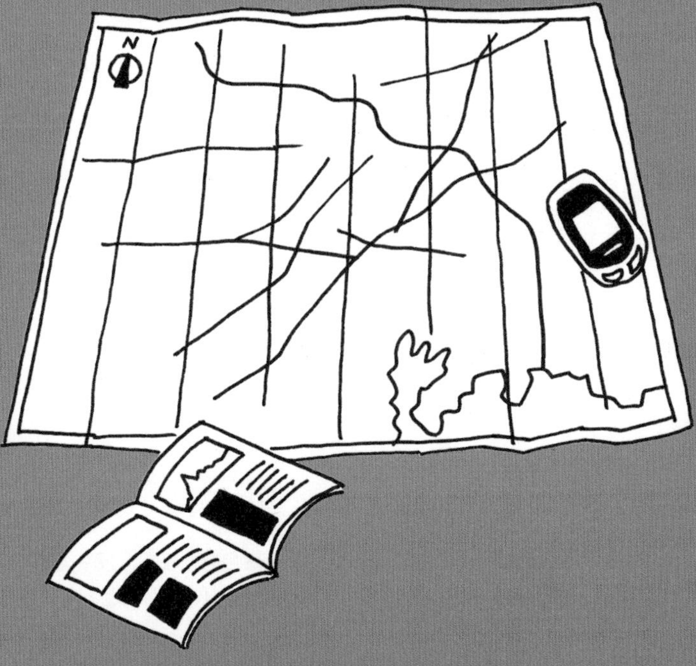

プランニングQ&A

Q ツーリングの計画を立てるときに意識することは?

A まずは旅のコンセプトを決めることから。

のんびりと"旅"を楽しみたいのか、あるいはスポーツ志向のサイクリングにしたいのか。それによってコースどりや目的地が変わってくる。前者であれば景色を楽しめるペースと、見どころなどに立ち寄る時間的・体力的な余裕が欲しい。一方、後者はそこそこの巡行速度で安全に走り続けられることがポイントとなる。走りやすく、わかりやすいルートであることに加え、距離や標高差など数字的目標をつくると達成感も大きいだろう。

尾道と今治を結ぶしまなみ海道は、日本が世界に誇れるサイクリングロードだ

Q 楽しいツーリングプランをつくる秘訣はなに?

A 定番コースを攻めるのもアリだが、まずはネタありき。

定番の峠や自転車道、人気観光スポットなどは、よほどの混雑でもないかぎりそれなりに楽しめるはず。しかし自分なりにテーマを探せば、より深みのあるツーリングになる。たとえば映画や小説の舞台をたどる。歴史を探る。遠い昔の思い出の地を再訪する、などなど。また、走りっぱなしでなく写真やルート、感想などを記録に残すことで、次のツーリングの新たなアイデアもわいてくる。

Q 1日何kmぐらい走れるの？

A 50～100kmを目安に。

目的や車種にもよるが、ツーリング時の速度は15～25km/h程度。仮にスタートを8時、ゴールを4時とすると、8時間使えることになり、このうち何時間走るかで距離は決まる。目安としては一般的なツーリングで4～5時間、ポタリングなら2～4時間、スポーツ志向で5～6時間程度。一見、少なく感じるかもしれないが、実際に走ってみると適度な数字と感じるはず。あとは経験で調整を。

Q 行き当たりばったりでも大丈夫？

A 旅慣れていなければやめたほうが無難。

なんとなく旅のロマンを感じる「行き当たりばったり」というフレーズ。しかし、日帰りから数日のツーリングでは、道に迷ったり想定外の道路状況に出くわすなどデメリットのほうが大きい。現地での選択肢を盛り込みつつ、事前に大筋のルートを決めておくのが無難。宿や交通機関（駐車場、列車ダイヤなど）も同様に。

Q 初心者を連れていく場合のコツは？

A 上りが少ない、距離でムリをしない、が2大ポイント。

まずは初心者の気持ちになり、安全に気持ちよく走れることを考える。勝手知ったる道を余裕をもって案内できるのが理想だ。途中にご褒美となる絶景ポイントや立ち寄りスポットを組み入れることも忘れずに。また、疲労やトラブルなどに備え、途中から輪行で帰ることができるコース設定とその準備をしておくといいだろう。

ルートに絶景スポットを取り入れるとツーリングにメリハリができる。そこまでたどり着いたときの喜びもひとしおだ。泊まりであれば夕陽スポットなども調べておこう

地図を使い分けてプランをつくる

ロードマップ・大判地図

コースプランニングやルートを俯瞰するときに最適

10万～20万分ノ1の縮尺で、ページごとの掲載エリアが広く、コース全体を俯瞰しやすいのが利点。反面、県道などの細かい道路状況はつかみにくい。全国版、エリア別、都道府県別とバリエーションが豊富。よく走るエリアの大判地図はぜひ持っておきたい

ツーリングマップル

国道や主要道路の観光スポット情報が収集できる

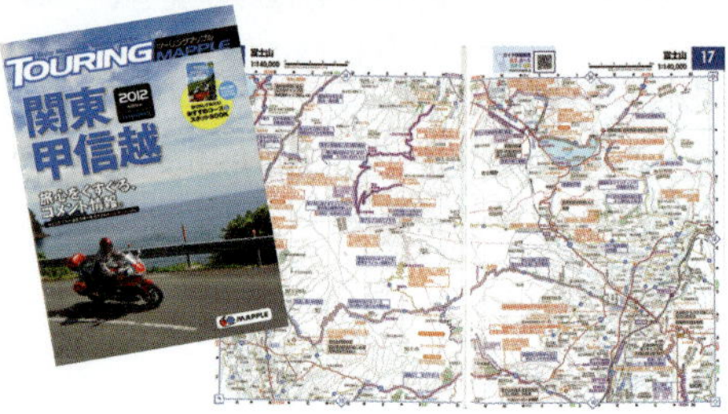

オートバイやクルマでのツーリングに主眼をおいた地図。縮尺は14万分ノ1と、通常のロードマップと同様かやや詳細。国道や主要道の立ち寄りスポット&観光ポイント、おすすめコメントなど情報量は多いが、細かい道に関しては手薄。大判地図と併せて活用しよう

インターネット地図サイト

走行距離や高低差などのデータ確認が瞬時に

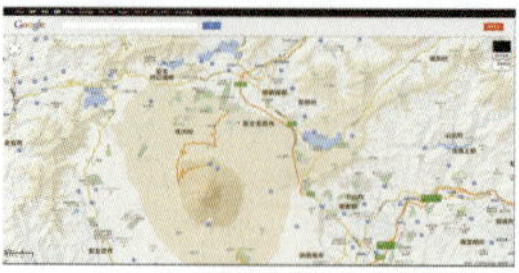

Google Map
https://maps.google.co.jp/

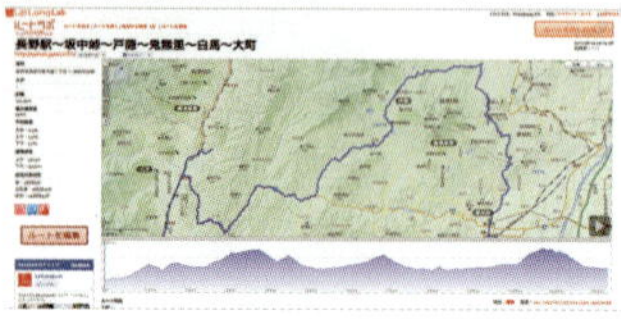

Yahoo!ルートラボ
http://latlonglab.yahoo.co.jp/route/

任意のルートを引くと、走行距離や高度・高低差・斜度が瞬時にわかる「ルートラボ」、地図情報だけでなく、場所によっては道路周辺の様子が画像で確認できる「Google Map」などの高機能WEBマップも便利。コース情報を簡単に仲間と共有できるのも利点だ

地形図

等高線や細かい道が記載され、地形が把握しやすい

国土地理院が発行している地形図（WEB版もあり）は正確で緻密。登山で活用される2万5000分ノ1地形図を基につくられる5万分ノ1地形図は、地図上の1cmが500mと、自転車のスピード感にマッチする。5万図1枚がカバーする範囲は、東西約22.5km、南北14.5km。細かな地形が把握できるが、ルートが長くなると地図の枚数が増えるのが難点

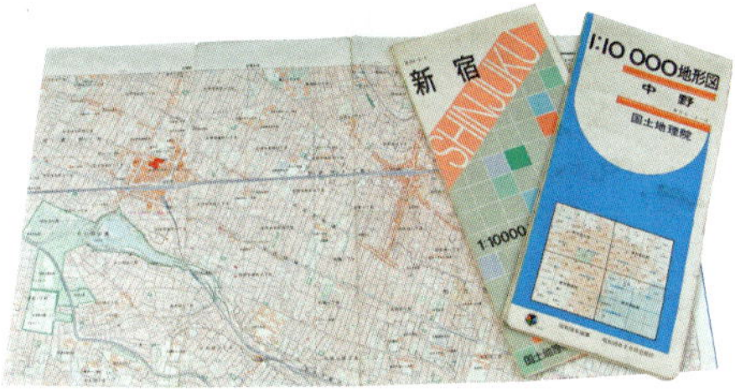

全国主要都市の1万分ノ1地形図も同院から発行されている。建物のひとつひとつから道の太さまで、とにかく緻密。等高線も50cm～1m単位で、眺めているだけでも飽きない。ただ街中を走るだけでなく、都市の地形に興味がある人向け

それぞれの地図の特徴を上手に活用しよう

ツーリングプランを立てるうえで欠かせない「地図」。大小さまざまな判型・縮尺のタイプがあるが、それぞれの特徴を把握して使い分けることが大切だ。

走ってみたいエリアを俯瞰しながら、スタート／ゴール地点を決めたり、輪行でアクセスする際の駅や路線のつながりを確認するには、縮尺の大きなロードマップや大判地図が必須。

主要道路の立ち寄りスポットや観光ポイントをチェックするには、地図上の情報量が多いツーリングマップルが便利だ。さらに細かい地形や県道などのマイナー道、峠に至る道路の様子を詳しくチェックしたいときは、5万分ノ1地形図を活用しよう。

走行ルートの距離や高低差、場所によっては道路の周辺の様子が画像で確認できるWEBマップサービスも、今やプランニングに欠かせないツールだろう。

サイクルGPSを活用しよう

パナソニック／サイクルゴリラ

自転車／クルマ／徒歩と3WAYで活用できるポータブルナビゲーション。横長サイズ4.3インチの大画面に、連続約6時間駆動できるバッテリーを備えた人気モデルだ。操作感はカーナビそのもので、動作もスムーズ。サイクルコンピュータ機能とGPSログ機能を備える

コースデータのインストールや書き出しはSDカードを使用。専用サイト「おでかけサイクルガイド」から、自転車雑誌やゴリラユーザーのおすすめコースデータをダウンロード可能

パイオニア／ポタナビ

通信機能を備え、周辺の天気情報や話題の立ち寄りスポット、カフェなどの最新情報がポップアップ表示されるのが特徴。ポタリングの楽しさを演出してくれる個性派GPSガジェットで、サイクルコンピュータ機能も充実

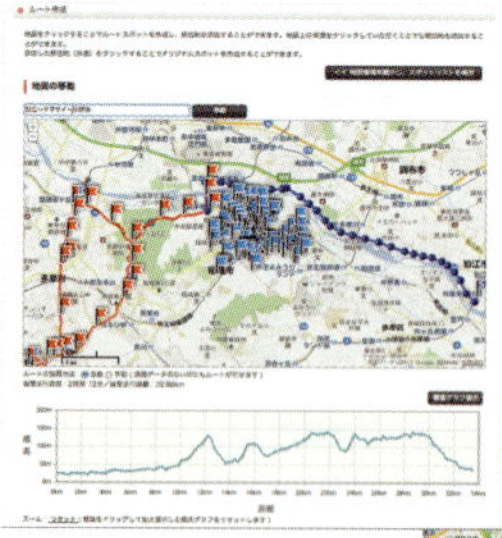

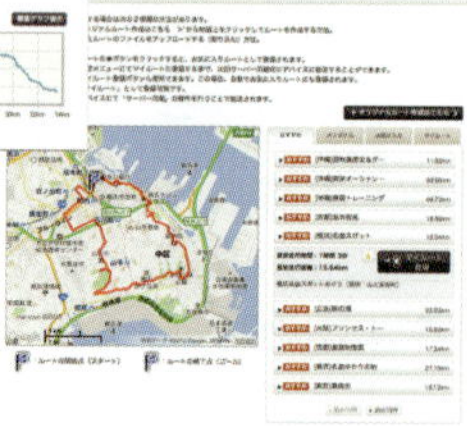

専用サイト「サイクルラボ」でつくったコースを、通信機能を使って本体にインストール可

見知らぬ場所を走るときも、現在地周辺のカフェやレストランが次々とポップアップ表示されるので便利

ガーミン／エッジ800J

タッチスクリーンを採用したコンパクトボディに高精度のGPSナビゲーション機能と、レーストレーニングにも対応するサイクルコンピュータ機能を搭載した定番モデル。専用サイト「ガーミンコネクト」に各種データを蓄積し、仲間と共有できる

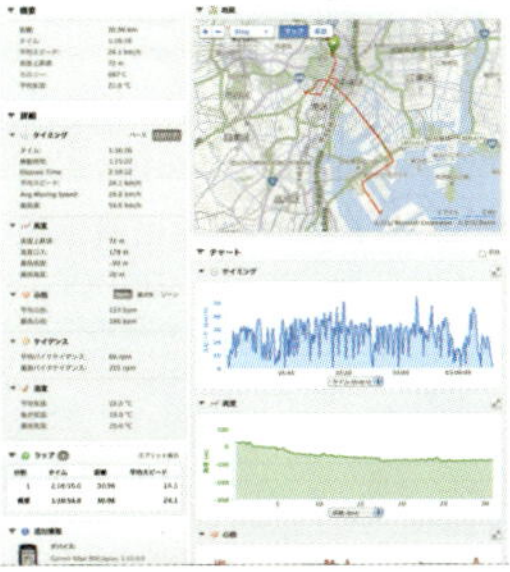

各種データを表示するサイコンページをユーザーの好みでカスタマイズできるほか、地図、高度など画面バリエーションが豊富なのも本機の特徴。画面は小さいが液晶の視認性は高い

アトラス／ASG-CM31

視認性の高いBlanview液晶を搭載し、日中の視認性が高い。道路地図はMAPPLEデジタルデータを収録し、高精度のナビゲーションを実現。自転車の傾き（ロール・ピッチ）をリアルタイムで表示する機能が特徴

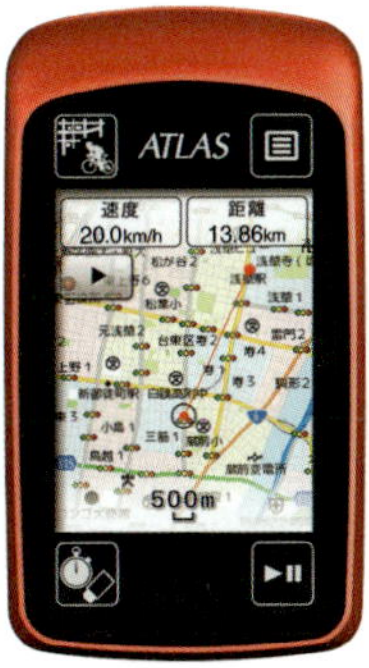

GPSナビ機能＋αで楽しむ新感覚ツーリング

GPSナビゲーションツールは、ツーリングの利便性を飛躍的に向上させるアイテム。近年はコンパクトな自転車専用モデルも増え、その多くはGPS機能だけでなく、スピードやケイデンス、心拍数などを計測できるサイクルコンピュータとしての機能を併せ持つ。

自分の現在地確認や、目的地を設定してルート案内をしてくれる機能はカーナビと同様だが、自転車用GPSは、WEBマップで作成したコースデータや、専用サイトからダウンロードしたおすすめコースデータをインストールして、ナビライドを楽しんだり、ツーリングの走行ログデータを記録し、専用サイトにアップロードして走行記録を蓄積できるのも特徴。

ツーリング時のサポートだけでなく、走ったあとのお楽しみも増えるのが、サイクルGPSの大きな魅力だ。

お役立ちウェブサイト&アプリ

天気状況サイト

●XバンドMPレーダ雨量情報

www.river.go.jp/xbandradar/

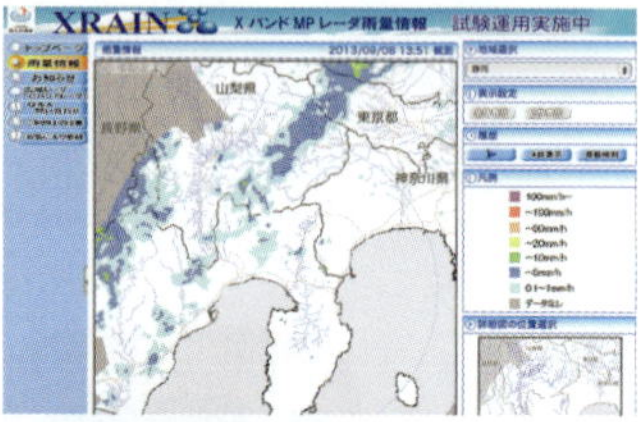

●気象庁アメダス（表形式）

www.jma.go.jp/jp/amedas_h/

2013年09月08日　野辺山(ノベヤマ)

北緯： 35 度 56.9 分　東経： 138 度 28.3 分　標高： 1350 m　昨日の観測データ　最低・最高気温

時刻	気温	降水量	風向	風速	日照時間
時	℃	mm	16方位	m/s	h
1	17.0	0.0	南	3.4	
2	17.0	0.0	南	3.1	
3	17.0	0.0	南南西	3.5	
4	17.0	0.5	南南西	3.7	0.0
5	16.9	0.0	南南西	3.4	0.0
6	17.0	0.0	南南西	3.7	0.0
7	17.3	0.0	南南西	2.7	0.0
8	17.5	0.0	南南西	2.7	0.0
9	18.4	0.5	南南西	4.4	0.0
10	18.1	0.5	南南西	3.6	0.0

●東京アメッシュ

http://tokyo-ame.jwa.or.jp/

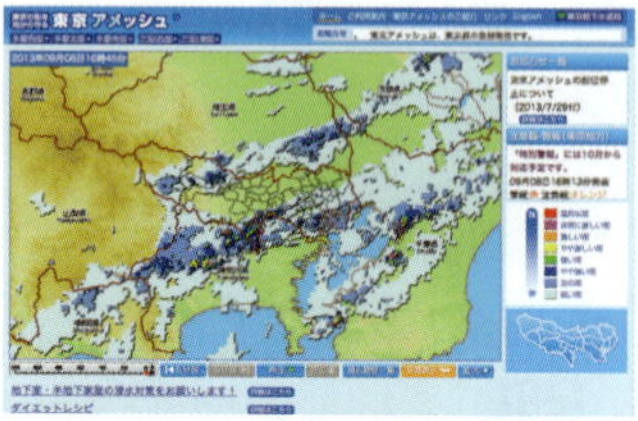

週間天気予報で晴天マークが出ていても、天気は変わりやすいもの。当日の降雨が気になるときは、出発前に、降雨状況がリアルタイムで確認できるサイトをチェックしておこう。気象庁のアメダス表形式サイトは、毎時の気温の変化がわかるので、標高が高い場所に走りに行くときなど、ウェアチョイスの参考になる

道路状況サイト

●山梨県県営林道通行規制情報

www.pref.yamanashi.jp/rindoujyouhou/

●長野国道道路情報サービス

www.ktr.mlit.go.jp/nagano/top/

林道ツーリングを計画するときは、事前に規制や通行止めがないかを確認しておく必要がある。特に台風通過直後などは要注意。山梨県など、自治体によっては、林道規制情報をウェブサイトで公開している。また、国道・主要道の交通状況を定点カメラ画像で紹介しているサイトもあるので、チェックしてみよう

ツーリング記録共有サイト

●CATEYE ATLAS

www.cateyeatlas.com/

ツーリング記録共有サイトは、走行ルートや景色などが確認でき、プランニングの参考になる。キャットアイが運営するサイト「CATEYE ATLAS」は、地図上に走行ルートがプロットされ、撮影ポイントをクリックすると静止画・動画が確認できて便利

自転車用スマートフォンアプリ

●自転車NAVITIME
（iOS版、Android版）

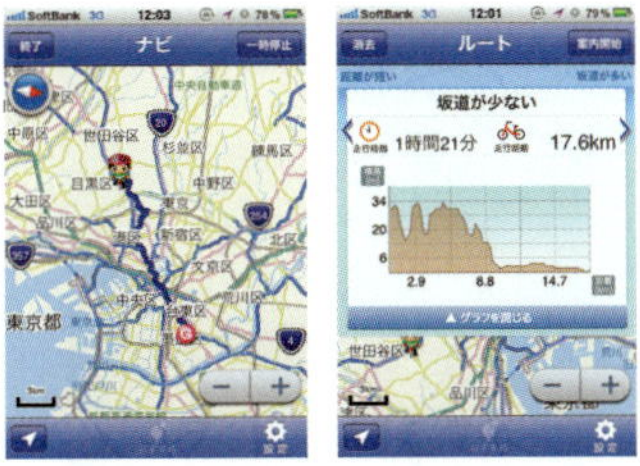

「坂道が少ない」「サイクリングロード優先」「裏通り優先」など、自転車向けに特化した5種類のルート提案をしてくれる、スマートフォン用ナビゲーションアプリ。現在地からの距離を指定して人気観光スポットやカフェ、自転車ショップなどが検索できる「ドーナツサーチ」など、多彩な機能を搭載。走行ログを記録して、仲間と共有することもできる

●Runtastic Road Bike Pro
（iOS版、Android版）

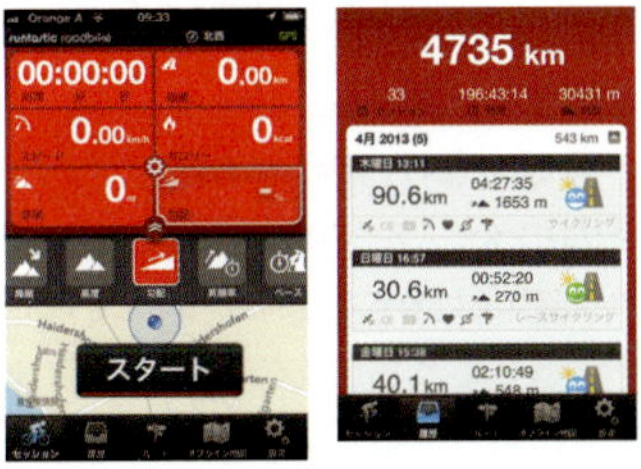

スタートボタンを押すだけで、走行距離やタイム、高度や消費カロリーがリアルタイムで計測できるスマートフォンアプリ。走行ログを記録してグーグルマップに表示したり、FacebookやTwitterとの連携も簡単

●自転車散歩（iOS版）

東京・神奈川・京都・大阪のポタリングコース5コースを収録したiPhone用アプリ。走行ルートがMAP上にプロットされており、GPSの自車位置情報に合わせて、見どころをポップアップ表示する機能を持つ

“使える情報”を最低限調べておこう

ツーリングに出かける際は、最低限、現地の天候や道路状況は知っておいたほうがいい。降雨が気になるときは、リアルタイム雨情報をこまめにチェックすべし。標高の高い場所に走りに行くときなどは、現地の毎時の気温を確認しておくと、日中と朝晩の気温差が把握でき、ウェアチョイスの参考になる。

林道を走る予定があるときは、ウェブサイトで通行止めや規制情報を公開している自治体もあるので、こちらも事前チェックしておいたほうがいいだろう。

自転車用スマートフォンアプリも、高精度のものが増えてきた。バッテリー持続時間の問題はあるものの、GPSナビの代わりとして充分活用できる。

ニッポンの自転車天国へ！

栗山晃靖

日本国内で「これぞサイクリングパラダイス!」と言いたくなる場所がある。広島県尾道市と愛媛県今治市を結ぶ「しまなみ海道」がそれ。瀬戸内海に浮かぶ6つの島と、それらをつなぐ橋の上を自転車で走るのだが、瀬戸内のまったりとした空気感とダイナミックな橋が織り成すコントラストが文句なしに素晴らしいのである。

僕が初めてシマナミを走ったのは2013年。尾道駅を起点にして生口島で1泊、次の日は今治駅まで向かい、そこからバス輪行で尾道駅に戻るというルート。走行距離は約70km。アップダウンはそんなに激しくないし、ルートには青／白のラインが引かれているから初めてでも迷うことがない。走り足りないという人は、コースに坂道を取り入れるなどすればもっと距離を延ばすことができるし、健脚であれば1日で走り抜けることも可能だ。

シマナミの何が素晴らしいって、橋の上からの景色である。「天空へ続く道のよう」とは、実際に走った人のコメント。言い得て妙なり。前面に広がる瀬戸内の大パノラマは、時間帯や季節によっても違った色合いを見せてくれるので、何度来ても楽しめるに違いない。

1日でも走りきれるが、1泊2日くらいのほうがしまなみ海道を満喫できるはず

しまなみ海道に45カ所もある「サイクルオアシス」では空気入れ、トイレ、給水などの各種サービスが受けられるほか、万が一トラブルが起きた場合「しまなみ島走レスキュー」が力になってくれるなど、とにかく自転車フレンドリーなのもシマナミの特徴だ。百聞は一見にしかず。いつ行くの？　今でしょ！（もう古い?）

栗山晃靖（くりやま・てるやす）
脚力&体力がまったくないくせに街乗りから草レースまで、節操なく楽しむエディター&ライター。これまでクロモリ一筋だったが、最近はカーボンバイク欲しい病。自転車貯金、始めようかな……。

Part 6
輪行ツーリング A to Z

自転車を電車やバスなどの公共交通機関で運ぶ「輪行」は、ツーリングの可能性を広げてくれる交通手段。基本的なルールとマナー、選び方や輪行方法といったビギナー向けのノウハウを集めてみた。これが簡単にできるようになれば、あなたも一人前ツーリストの仲間入りかも？

輪行にまつわるQ&A

Q 輪行ってなんですか?

A 公共交通機関で自転車を運ぶこと。

輪行とは専用の袋を使って自転車を包み、自転車を鉄道・バス・飛行機といった公共交通機関で運ぶことだ。すべて自宅スタート&ゴールだと自転車で行ける範囲が限られてしまうが、輪行のやり方さえ覚えれば日本全国、果ては海外まで自分の愛車で走ることができてしまう。つまり、自転車旅の可能性をググッと広げてくれるのが輪行の大きなメリットなのだ。また、メカトラブル、落車、ケガ、天候悪化といった予測不能のトラブルが起きたときの備えとしても輪行は有効だ。

輪行ができるようになれば、行動範囲は一気に広がる。慣れてしまえば簡単だ

Q 輪行するときはどうすればいいの?

A 専用の輪行袋を使うのが大前提。

ロードバイク、MTB、ミニベロと自転車のタイプごとに輪行袋が市販されているのでそれを使おう。ミニベロは特殊な形状なので、メーカーから専用品が出ていることが多い。自転車の種類によってはある程度、分解整備の知識が必要なことがあるので事前に何度か練習しておきたい。パーツが飛び出したり、荷崩れを起こすような状態はNGだ。

輪行袋の定番、オーストリッチの「L-100」。たたむとご覧のとおりコンパクト

Q 車内での置き場所は？

A 他人の迷惑にならないように。

　自転車を置く場所は正確に決まっているわけではないが、ほかの乗客の迷惑にならないことが大前提。乗り降りドア付近の四隅、電車の先頭車両・後方車両(空いていることが多い)、新幹線ならデッキに置くなど臨機応変な対応を。他人からしてみれば電車内での自転車は、“邪魔なもの”にほかならない。常に見られているという意識を忘れず謙虚な姿勢でいるようにしよう。

ドア付近の四隅、新幹線であればデッキなど、状況に応じて置き場所を考えよう

Q 輪行する際に気をつけることは？

A 混雑した時間帯は避けること！

　どれだけ自転車を細かく分解しても、外と隔てているのは薄い一枚の布でしかない。フロントフォークやペダルが他人に当たればケガをする可能性だってある。したがって、ラッシュアワーは絶対に避けるようにするのが、輪行をするうえでの最低限のマナー。大人数で輪行するときは自転車の置き場がネックになるので、電車を一本ずらすなど周囲への気配りを忘れないように。

自転車の分解・組み立ては、必ず通行人の迷惑にならない場所で行うように

輪行の手順

1

ボトルやサイクルコンピュータといった小物類を取り外す。ボトルの中身を空っぽにしておかないと、最後に袋の中に入れたときに漏れて悲惨なことになる

2

後輪の着脱をしやすくするために、リアはトップに、フロントはアウターに入れる。フロントをアウターに入れるのはチェーンの歯で輪行袋を傷つけないため

3

ブレーキをリリースさせるとともに、ホイールのクイックリリースをゆるめて前輪と後輪を取り外す。太いタイヤの場合、空気を抜かなければいけないこともある

4

チェーンの汚れやフレームへの傷が気になる人は、適宜カバーをかぶせるなどして対処しよう。リアスプロケットは使わなくなった軍手などでも代用できる

5

今回使用した輪行袋はコンパクトで軽量なオーストリッチの「SL-100」というロード・MTB兼用モデル。中締めベルトとショルダーベルトがセット

6

フレームを前輪と後輪でサンドイッチ。リアスプロケットはトップチューブとシートチューブの接合部分に収めると突起がなくなりすっきりする

7

固定ストラップ1本目はダウンチューブに一周、2本目はシートステーと沿うように、3本目はサドルにからめて両ホイールを固定。横から見てハの字が理想

8

輪行袋を広げて収納の準備にとりかかる。SL-100は袋の内側に収納位置が記されている。最初に外したボトルは、このタイミングでボトルゲージに装着

9

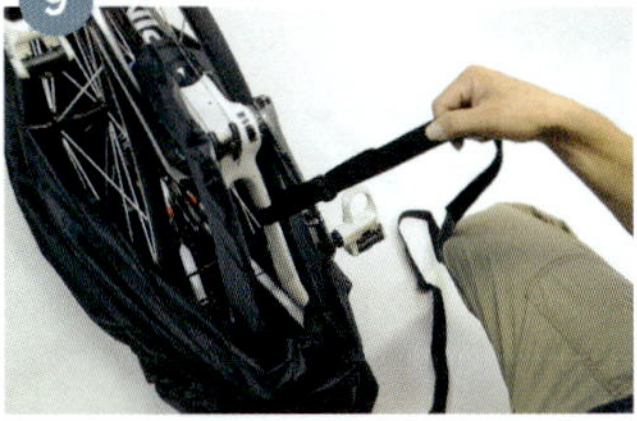

半分くらいまで入れたら肩から下げるベルトも装着。チェーンステーとボトムブラケットの接合部分に取り付け、そこから袋の中通しに入れてステムに結ぶ

10

あとは袋を一気にかぶせ巾着ひもを締めれば完成。慣れればさほど難しくはないが、ある程度コツも必要なのでツーリングに出かける前に何度か練習しよう

11

実際に持ってみて荷崩れがしないか最終確認。斜度があるところ（階段など）では自転車をこすりやすいので、ストラップもそれを考慮した長さにしておこう

こちらが体の後ろに回して運ぶパターン。ショルダーベルトを斜めがけにすると階段などで、もしも転倒したときに自転車とからんで危険。あまりおすすめしない

輪行袋の種類と小物類

縦置きタイプの輪行袋

前・後輪を外して、リアエンドとサドル後部で自転車を支えるタイプがコチラ。自転車のフロントが上を向いた状態で収納することになるので、おのずと占有面積が小さくなる。そのぶんハイトがあるため、小柄な人がかついだときに床に擦ってしまったり、階段の上り下りなどでひっかかりやすい。リアエンドを支えるパーツが必要で、セットで売られている商品もある。写真はオーストリッチの「L-100」を使った例。

横置きタイプの輪行袋

前・後輪を外すのは縦型と同じだが、サドルとハンドルを地面側に向けて収納するので、リアエンドを支えるパーツが不要。縦型に比べて占有面積が大きくなってしまうが、そのぶんハイトがないので小柄な人がかついでも、階段の上り下りなどでひっかかりにくい。写真はOGKの「バイクポーター1400」を使った例で、分解したあと輪行袋をかぶせるだけなので、非力な女性でも扱いやすいのが特徴だ。

持っておきたい小物類

スプロケットカバー
リアスプロケットによる汚れや傷などを防いでくれる。軍手で代用することも可

チェーンカバー
チェーンの汚れは洗ってもなかなか落ちない。これがあれば安心だ

エンド金具
気をつけたいのがフロントやリアのエンドの曲がり。エンド金具で事前に保護

フレームカバー
輪行時の傷を最小限に抑えることができる。フレーム3カ所に巻き付ける

知っておきたいエンド幅

自転車の種類によってリアのエンド幅が異なる。一般的にはロード130mm、MTB135mm、シングルスピード120mmだが、一昔前のロードだと126mmだったりすることがあるので注意。自分の愛車をチェックしてそれに合ったエンド金具を購入しよう

自転車を目的地まで郵送する

ソフトケース

パッド入りソフトケース。価格と扱いやすさ、保護性のバランスがとれているが、ツーリング時の携帯性はない。サイクリングタッグ利用可

ハードケース

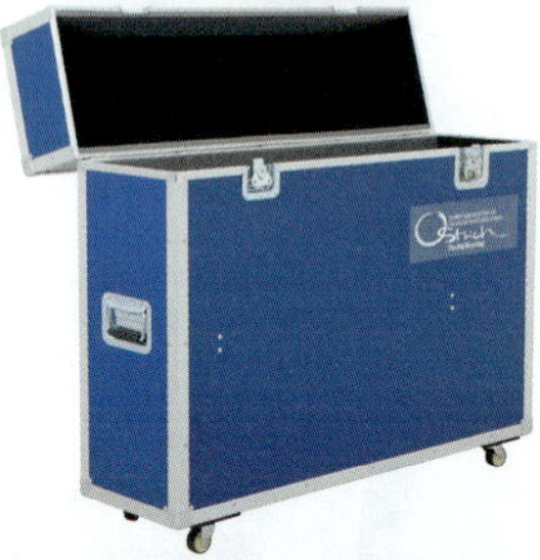

ガッチリとしたシェルで守られ安全性は高いが、ツーリング先で保管場所を確保する必要がある。またケースによってはハンドルなど外す必要も。サイクリングタッグは利用不可

頻繁に利用するならサイクリングタッグ

便利なのは日本サイクリング協会（JCA）とヤマト運輸によるサイクリングタッグというシステム。JCAの会員（年会費5000円）になりタッグを購入（2000円）すると、正規ヤマト便より約3割ほど安いヤマト便60kg運賃で送ることができる。荷姿は輪行袋に限り（衣類等を緩衝材にするのは可）、自転車用であっても段ボールやハードケースは不可。

年に1～2回ならば、通常の宅配便利用が得。ただし、この場合は段ボールやハードケースなどしっかりとした荷造りが必要で、輪行袋は断られる可能性が高い。料金は東京～北海道間で、5000～6000円前後。

サイクリングタッグ。年会費とタッグ代、さらに荷姿を考慮して利用を

バス輪行や飛行機輪行について

バス　対応はまちまち。事前の問い合わせは必須

高速バス（都市間バス）や夜行バスは、JR系バス会社のように原則不可としているところから、「荷室に余裕があればOK」「乗務員の判断で」といった対応まで様々。現実的には、混雑時や途中乗降は難しいと考えたほうがいい。路線バスも状況はほぼ同様。緊急時など利用せざるを得ない場合は、バス停に記された連絡先か運転手に事情を話し判断を仰ぎたい。

高速バスはトランクルームに寝かせて積載する

飛行機　一般的に中・大型機は輪行可能

ジェット機が飛ぶ主要路線ならまず大丈夫。プロペラ機などの小型機は荷室が狭く断られることがあるので事前に確認を。またLCC（格安航空会社）はオーバーチャージに注意する。

鉄道同様に輪行バッグに収めるが、第三者に委ねるため、各部の保護を含めていねいにパッキングしたい。また、気圧変化によるバーストを防ぐため、タイヤの空気は抜いておく。

一般の機内預け入れ荷物同様、カウンターへ

フェリー　乗ってきた状態のまま車両甲板へ

一般的には航送運賃を支払い、クルマと一緒に自転車のまま車両甲板に乗り入れる。輪行袋に入れて持ち込めば無料になることもあるが、会社により可否や対応は違うので確認を。

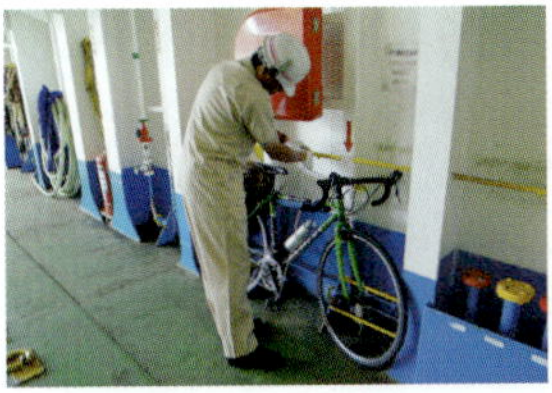

揺れても倒れないよう乗務員が固定してくれる

山岳国家ラオスの激坂と満天の星

山下晃和

自転車旅が辛いのは覚悟しているつもりだった。東南アジアを旅していて、ベトナムからラオスに抜けた日のこと。サイクルメーターが示す速度は8、7、6km/hと徐々に下がっていき、気合が足らないと押し歩きせざるをえなくなった。ベトナム最後の町ムオンセンで、ピーナッツの菓子、水を大量に買い込んでいたので、自転車は激重。イミグレーションには、山間にある建物のみ。

ポッツーン。

国境付近は国間の物流が盛んに行われるので、活気がある町が多い。その一方で労働者であふれ盗みや犯罪も少なくない。しかし、ここにいるのは職員2人と犬1匹だけだった。両替のおじさんはどこにも見当たらない。通貨である「ベトナムドン」は、国境線を境に紙切れとなり、「ラオスキップ」が通貨となるが、ドンとUSドルしかない僕は水を買うことさえできない。ジャール平原で有名な町ポーンサワンまでは1日で着けそうもない。先には空しか見えない山道をひたすら上る。時折、車が通ったが、安易に声をかけて悪い人だったら怖いので、助けや水を求める勇気もない。やがて日が傾きかけてきたので、テント泊することにした。疲れきった体を横たえると、すぐ眠りに落ちていた。夜中、トイレに行きたくなり外に出ると、標高があるので空気がキーンと冷たかった。

山を隔てベトナムとラオスの国境になるナムカン。周りは山しか見当たらない

空を見上げた瞬間、思わず息をのんだ。黒い布に白い粉を撒いたような満天の星が広がっていたのだ。

こんな景色と出会えるから自転車旅はやめられない。

山下晃和（やました・あきかず）
本業ファッションモデル。タイクーンモデルエージェンシー所属。雑誌、WEB、カタログに寄稿するトラベルライターとしても活動。近著に『自転車ロングツーリング入門』（実業之日本社）がある。

Part 7
ツーリング時の走行テクニック

ただペダルを回すだけで自転車は走る。簡単な動作に見えるが、実はクルマやオートバイ同様にスムーズに走るためのテクニックが数多く存在する。スマートな自転車ツーリストを目指して、この機会にぜひ習得しよう。万が一のときのために、自転車保険の話も併せてご紹介。

ライディングの基本——その1

ライディングポジション

○

理想のライディングポジションがこちら。腕だけでなく腹筋と背筋を使って上体を支える。どこか一点に力が入るのではなく、体全体に分散させるイメージだ。前後左右の視界が良好で、後ろを振り返る余裕も生まれる

×

写真ではいささか大げさにやっているが、ビギナーでこれに近い人はたまに見かける。腕から肩まわりに力が入っていて、頭が両肩の間にうずもれている。このままでは疲労度が高いので長距離は不向き

ハンドルの持ち方

様々な握り方ができるのがドロップハンドルの強み。STIレバーでの基本はがっちり握らずにすぐブレーキ操作できる位置に手があること。左右対称を意識しよう

下ハンを握って走るとき、下り坂などでスピードコントロールを行うだけなら人さし指だけ、停止が目的のときは人さし指と中指をブレーキレバーにかけよう

安全な止まり方

視線は停止線もしくは前方。ペダリングをやめブレーキを使ってゆっくりと減速しながら、左足を地面に下ろす準備をする

右足と両手で体を支えながらサドルの前に腰を落とす。そして左足をやや前方にストンと下ろして停止する

停止後は自転車を左側に傾けるようにしよう。万が一、ふらつくなどして転倒しても後続車にひかれる可能性が低くなる

安全かつ快適に長距離を走るテクニックを学ぶ

ライディングテクニックと聞くとなんとなく速く走るためのものだと思いがちだが、安全かつ快適に長距離を走るための技術というのも存在する。ここでは「ポジション」「ペダリング」「ブレーキング」「シフティング」をポイントとして取り上げたい。

まず、ライディングポジションだが、ロードバイクの基本フォームと同様、骨盤を立てたまま背中を丸め、上体を体全体で支えるようにする。骨盤ごと前傾させてしまうと腕や肩に負担がかかり、長時間走ると疲労しやすくなるのだ。この際、ハンドルを強く握ると一緒に上半身が緊張してしまい、やはり疲れやすくなる。軽く手を添えるようなイメージで握るようにしたい。

意外と重要なのがペダリング。荷物が多い場合、不安定なペダリングだと車体がフラつきやすいからだ。常にクランクにトルクが一定にかかるよう意識しながらペダリングし、ある回転以上のケイデンスをしっかり保つようにしよう。ツーリング時の事故や転倒のリスクを減らすことができるテクニックなのでぜひ覚えておきたい。

ライディングの基本——その2

ペダリング

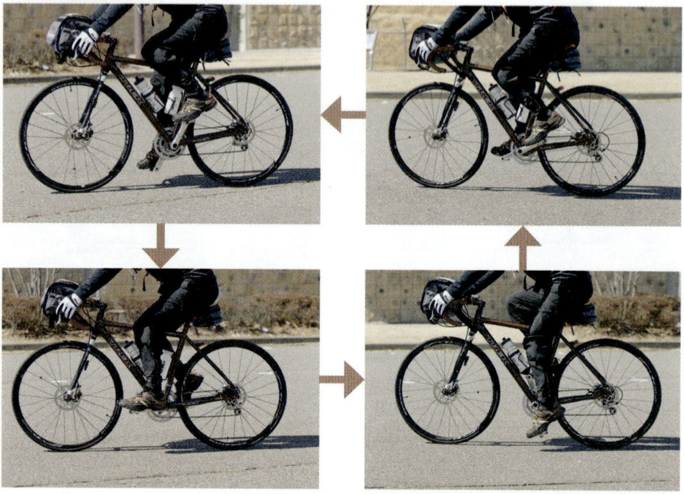

足首の角度が大幅に変わらないようにペダルを踏み込む。360度、常に一定の力を加えているイメージでペダリングを行うのがいい。力の加わり方が一定だと直進安定性が高くなるが、力がばらけると自転車がふらついてしまう

ここに注意！

下死点を越えた瞬間、カカトが極端に上がり足首が上下に動いてしまっている人がいるが、靴底を地面にすりつけるようなイメージでペダルを後ろに引く

ギアの選択

迷いがちなギアの選択だが、意識しておきたいのは次の2点。フロントのチェーンリングは平坦な道ならアウターで、上り基調ならインナーにする。つぎに足の回転数（ケイデンス）が毎分60回転より少なくなるようであればリアスプロケットを軽くするようにしよう

急制動

「もしも！」のときの急ブレーキのかけ方も覚えておこう。クランクを水平に保ちつつ、お尻を思いっきり後ろに引いてリアタイヤに荷重をかけ、前後ともにしっかりブレーキング。こうすることで前転やリアが滑るのを防止できるほか、制動距離も半減する。普段から練習しておきたい

車道走行について

路側帯のある道なら白線のすぐ右側を走るのが基本。白線の左側には小石やパンクを誘発するゴミなどが落ちていることがあるからだ。また、左に寄りすぎると正面に障害物があったときや、クルマに幅寄せされたときに逃げるスペースがなくなってしまう

タイヤの選び方

ロードバイクは23Cという細めのタイヤが基本だが、ツーリングするにはちょっと太めの25Cをおすすめしたい。走りの鋭さはなくなるものの、快適性が高いので長距離走行がラクになるのだ

ハンドサインと緊急回避

右折

右手を地面と水平に上げる。前方、右後方を充分に確認しながら行う

左折

右折の逆パターン。人さし指を出したほうが、意思が相手に伝わりやすい

減速

手を上下させるのは減速のサイン。前方が渋滞しているときなどに

停止

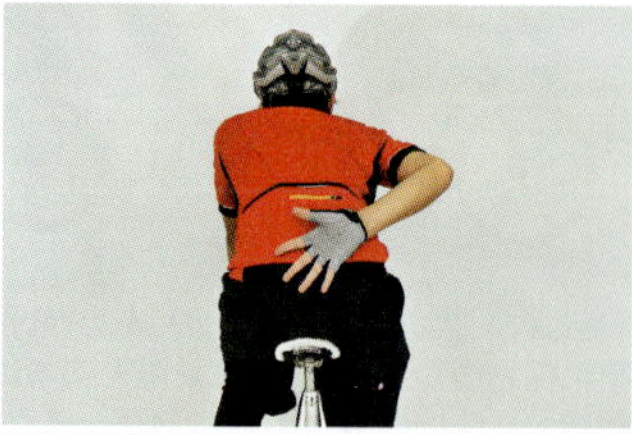

信号が赤になって停止するときは、手を大きく開いて後方に見えるように

自分の意思を後続車に伝えるために

周囲に自分の意思を伝える手段として、ハンドサインはぜひ覚えておいてほしい。自転車には、クルマやオートバイのようにウインカーやブレーキランプ、ハザードスイッチといった灯火類がないので、ハンドサインが走るうえで重要な役割を担うのだ。

ただし一瞬ではあるものの片手運転になってしまうので、サインを出すときはくれぐれも注意してほしい。路面状況が悪くハンドルを離すのが困難な場合は、大きな声を出して後続のサイクリストに意思表示するのもひとつの方法といえる。

ハンドサインがスマートにできると、「お、この人はちゃんとわかって走っているな」と一目置かれること間違いなしだ。

右によける

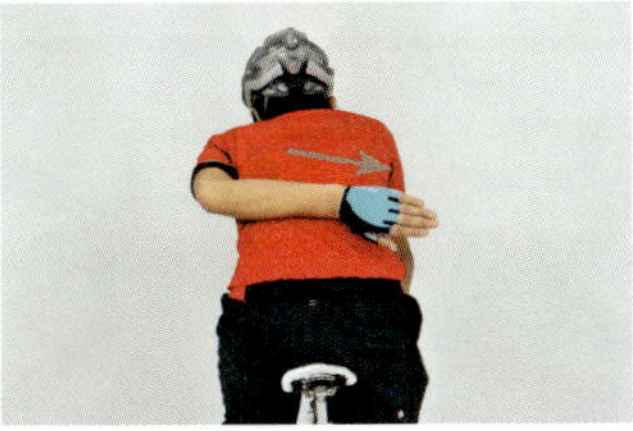

前方に駐車車両などの障害物があり、右によける必要があるときに使う

左によける

「右によける」とまったく逆のパターン。前方から対向車がきたときなどに

車線変更

大きく車線変更するときはこちらを。主にドライバーに対しての意思表示

危険物注意

ガラスの破片が落ちているなど、路面に問題があるときは地面を指さそう

ポイント

ハンドサインを出すとき、わずかの間ではあるが片手運転になってしまう。車体の安定感がなくなるので必ず自分の安全を確認してから行おう。場合によっては声を出して知らせるのも手だ

緊急回避テクニック

路上に危険物があったときは、瞬時に左に動くクセをつけておきたい。右ではなく左なのは、後続車に接触しないためのコツ。いずれにせよ、常に左側にスペースをあけて走るようにしたい

乗車前後のストレッチ

1

腕を頭越しにゆっくりと伸ばす。左右両方行おう

2

手を胸の前に持ってくることで二の腕のストレッチに

3

首のストレッチ。後ろ側をゆっくりと伸ばす

4

太腿前側。バランスをとりながら手を使ってゆっくり行おう

5

両足を広げて重心を落とし股関節のストレッチ

6

ひねりを入れれば肩まわりのストレッチにもなる

7

足を前後に広げて前足に重心をかける

8

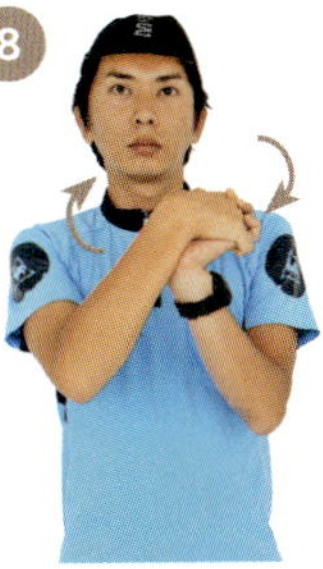

手首のストレッチ。両手を組んでグルグルと

9

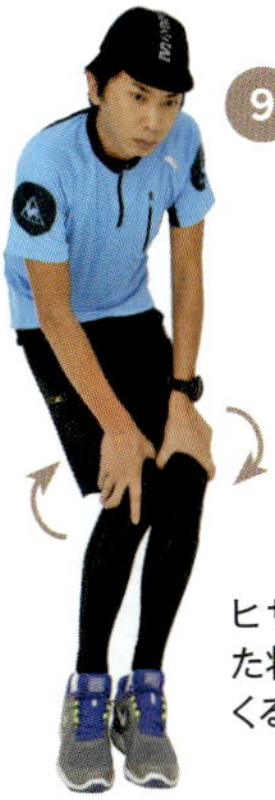

ヒザを軽く曲げた状態で360度くるくると

10

カカトを上げて回転させる。両足ともにやる

自転車に乗りながらのストレッチ

カカトを下げてペダルに足を押しつければフクラハギのストレッチになる

ハンドルを持った状態で肩甲骨を上下させれば背中が伸びる

体に「運動の予告」をしておこう

「忘れ物のチェックも終了。よしこれから出発だ!」と、その前に、忘れちゃいけないのがストレッチ。プロのアスリートではないのでそこまで深く考える必要はないとはいえ、血行を促進してくれるほか、体に「運動の予告」をすることでケガやダメージの予防にもなるので出発前にぜひ行おう。乗ったあとに軽めのストレッチをやれば、筋肉にたまった疲労物質を流す効果もあるのだ。ここで紹介するのはストレッチのほんの一例。自分なりにアレンジを加えてサイクリングに備えよう。ちなみにサイクリストは、乗りながらのストレッチもできるので、ぜひお試しあれ。

自転車保険Q&A

Q 自転車保険、入ったほうがいいの?

A 5000万円超の賠償例も……。

ここ数年、自転車関与の事故が増えるなかで、1000万円を超える損害賠償の事例が目立ってきている。過去には5000万円を超える賠償事例もある。重大事故の際に無保険だと、被害者が救済されることはなく、また加害者の人生も狂ってしまう。万が一のことを考えて、ぜひ自転車保険に加入しておこう。

Q どんな補償が受けられるの?

A 被害者・加害者両方のケースで補償。

ひと月わずか数百円で、被害者も加害者も救済される手厚い補償が受けられる。補償の種類は、他人にケガをさせてしまった場合の賠償責任補償、本人のケガや死亡した場合の通院や入院、手術、後遺障害や死亡などが一般的。保険会社によっては、本人を含む家族の日常生活の賠償責任まで補償する制度がある。

Q 保険を選ぶときのポイントは?

A 補償金額を重視しよう。

高額賠償の事例が目立ってきている近年の自転車関連事故を鑑みると、補償金額は5000万円以上あると安心。ドーンと1億円まで補償する保険会社もあるので、余裕があるならぜひコチラを。また、示談交渉付きや、補償内容の広さなどが保険会社ごとに異なるので、自分のライフスタイルに合わせて選べる。

過去の自転車加害事故例

（日本損保保険協会資料、エアーリンク資料）

賠償額	事故の概要
6779万円	横断歩道を横断中の女性と男性の自転車が衝突。女性は脳挫傷などで3日後に死亡。（東京地方裁判所判決）
5438万円	男性が乗る信号無視の自転車と横断中の女性が衝突。女性は頭蓋骨損傷などで11日後に死亡。（東京地方裁判所判決）
5000万円	携帯電話を操作しながら無灯火で走行中、歩行中の女性と衝突。女性には重大な障害が残る。（東京地方裁判所判決）
2992万円	大きい道路をスポーツタイプの自転車で走行中、老人と衝突。（A社支払事例）

※賠償額とは、判決文で加害者が支払いを命じられた金額

加入可能な自転車保険

保険名	運営会社	保険タイプ	保険加入金額	補償内容
自転車の責任保険	エアーリンク	インターネット・クレジット支払限定	3600円／年間	賠償責任補償　1億円　※家族全員対象 死亡・後遺障害（最高）　288万円 入院保険金　3000円／日 手術保険金　手術種類に応じて入院保険金日額10・20・40倍
セブンイレブンで入る自転車向け保険	au損保	自転車向け保険	4160円／年間 ※2013年10月1日以降	個人賠償責任　1億円　※家族全員対象 死亡・後遺障害（最高）　400万円 入院保険金　6000円／日 手術保険金　入院中の手術…10倍、入院中以外の手術…5倍 安心の示談交渉サービス
スーパー傷害保険Lite	チューリッヒ	パーソナルタイプ 治療に手厚く備えるプラン	4300円／年間 ※インターネット申込み料金	賠償責任特約　5000万円　※家族全員対象 死亡・後遺障害（最高）　500万円 入院保険金　3000円／日 手術保険金　手術種類に応じて入院保険金日額10・20・40倍 国内・海外ともに補償
JCA自転車保険	公益社団法人 日本サイクリング協会	JCA会員への加入	5000円／年会費	賠償責任補償　5000万円 死亡・後遺障害（最高）　213万円 入院補償金　なし 通院補償金　なし
自転車おすすめパック	アクサダイレクト	本人型・プランA	8040円／年間 ※インターネット申込み料金	賠償責任保険金　3000万円限度　※家族全員対象 死亡・後遺障害（最高）　500万円 入院保険金　3000円／日 手術保険金　手術種類に応じて入院保険金日額10・20・40倍 通院保険金　1000円／日

村がまるでシャンゼリゼ大通りに

石田ゆうすけ

東南アジアの一国、ラオスには何もない——。多くの旅行者からそんな話を聞いた。

たしかに自分の記憶をたどってみても、人にすすめたくなるような観光名所はなかった。圧倒的な遺跡もないし、見とれるほどの寺もない。海なんかは最初からない。

それでも僕のラオスの記憶の中には、いつまでも色あせない、自分だけの絶景があった。

森の中のダートを走っているときだ。夕暮れ時、木々が途切れ、村が現れた。と同時に「サバイディー（こんにちは）」という声が聞こえる。見ると子供たちが笑顔で僕に手を振っている。アフリカと同じだ——そう感じて胸が高鳴ったのだが、ここはさらにすごかった。彼らに手を振り返すと、道の両側に並ぶ家の前の大人たちまでが次々に「サバイディー」と手を振ってきて、村全体が湧き返ったようになったのだ。僕は体中が熱くなり、右に左に顔を向けて笑顔で「サバイディー」と返した。まるでシャンゼリゼ大通りで凱旋パレードでもしているようだと思った。

ラオスの村で会った少女。僕が笑うからか、ずっと木登りしておどけていた

村の外れの水たまりの上で、おびただしい蝶の群れが巨大な固まりになって飛んでいた。それを抜けたところで振り返ると、ひらひらと雪のように舞う蝶の向こうで、村人たちが笑顔で僕に手を振っている。それらがすべて夕日の柔らかい光に包まれているのである。ふいに胸が突き上げられた。

〈何もないどころか……！〉

その光景を目に焼き付けながら、再び僕は彼らに向かって手を振り返したのだった。

石田ゆうすけ（いしだ・ゆうすけ）
和歌山県白浜町出身の旅行作家。7年半かけて自転車で世界一周し、2002年末に帰国。現在は旅関係以外にインタビュー記事やグルメ記事も執筆。近著は『地図を破って行ってやれ!』（幻冬舎）。

Part 8

基本メンテナンスとトラブル解決術

快適かつスムーズな走行には、日々のメンテナンスが必要不可欠だ。愛車をチェックすることで、ツーリング先のトラブルを事前に防ぐこともできる。 また、本項では出先でのありがちなトラブルもまとめてみた。メカは苦手な人も、本章を読んで自転車旅に備えるようにしよう。

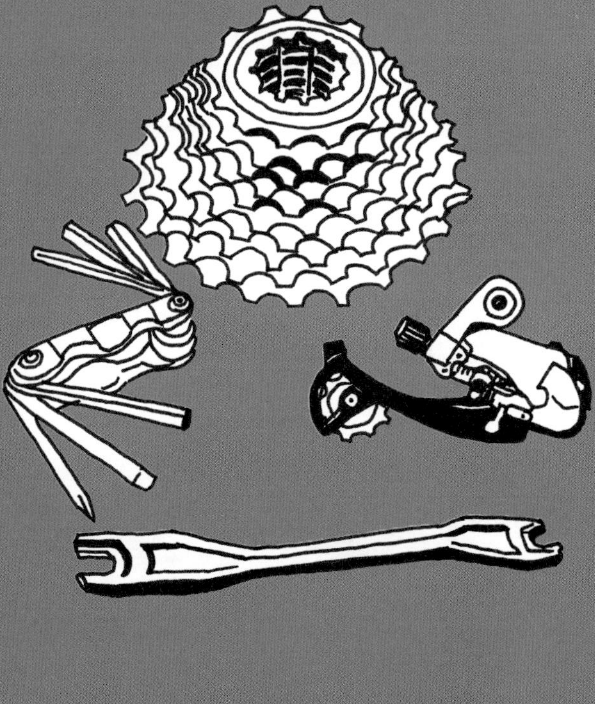

アーレンキーの使い方

○

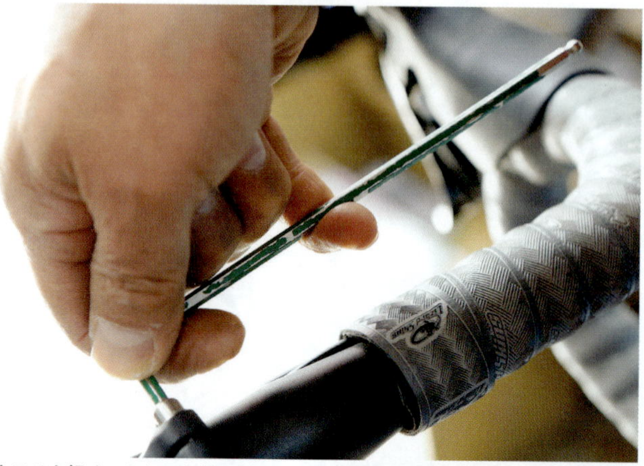

曲がったところを軽くつまんで小指を軸にひっかけるのが正解。小指でトルクを感じながらネジをゆっくりと締めていく

×

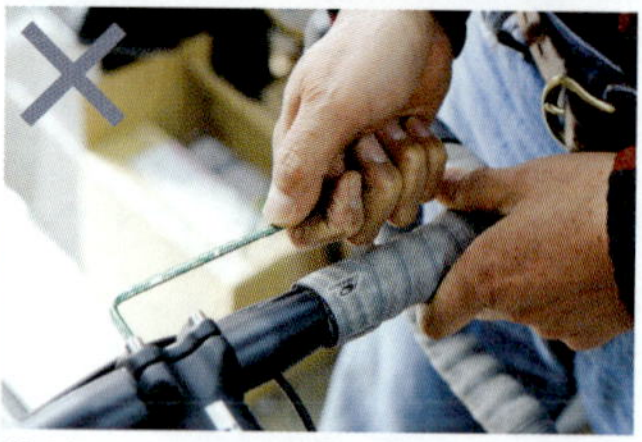

曲がったところを強く握るとトルクが感じられない。またいちばん端を握って回すとトルクがかかりすぎて締めすぎにつながるので注意しよう

×

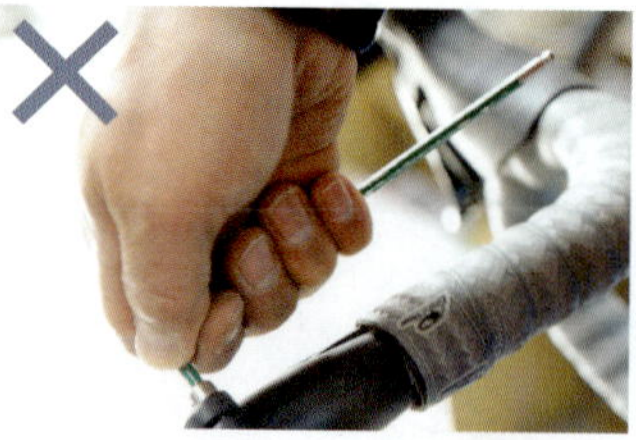

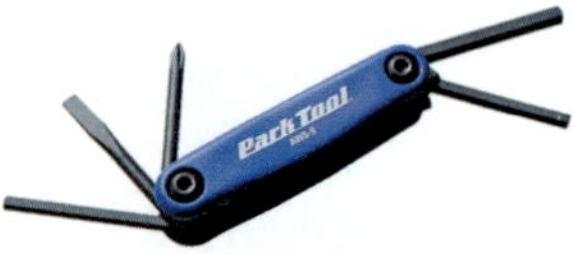

アーレンキーセット

アーレンキーの各種サイズがセットになったタイプ。スポーツ自転車の基本的な整備は、これがあればひと通りできるので必ず購入しておきたい。価格は1000～1万円以上とピンキリだ

携帯用ツールセット

ツーリングに出かけるときはこの携帯ツールセットを。トルクがかけにくいのでこれをメイン工具としては使わないようにしたい。こちらも様々なメーカーから販売されている

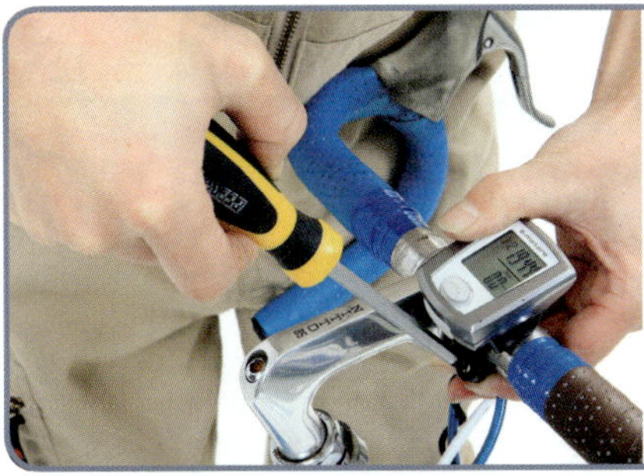

ドライバーの使い方

自転車整備においてプラス・マイナスドライバーの使用頻度は低いが、基本は押す力が7で回す力が3と覚えておこう。逆の力加減だと固着したネジなどはすぐになめてしまうので注意したい

モンキーレンチの使い方

BBを外すときなどに使用するモンキーレンチは、取手部分と一体になった上アゴと可動する下アゴからなる。締めるときは締める方向に、緩めるときは緩める方向に下アゴが向くようにしよう

正しい工具の使い方で正しいメンテナンスを

自転車の調整や修理に欠かせない工具。なかでもアーレンキー（六角レンチ）は使用頻度が高いので自転車購入時に一緒にそろえておきたい。自宅用と携帯用の2つ用意するのがベストだ。基本的な整備はこれだけでほとんどできるので、使い方をしっかりマスターしておこう。

適切なトルク管理は自転車が持つ本来の性能を発揮させるうえで非常に重要。特にロードバイクに多く採用されるフルカーボンフォークやカーボンシートピラーといったパーツは、締め付けトルクを誤ると簡単に破損してしまう。たかが持ち方、とバカにはできないのだ。

使い方とともに重要となるのが、信頼性の高いメーカーの工具を使うということ。精度や強度の低い粗悪なものだと、ボルトやパーツの破損につながりかねないので注意したい。

ホイールとペダルの着脱

ホイール

1

フロントのチェーンリングをアウター、リアスプロケットをトップに合わせる。ホイールの着脱をやりやすくするためだ

2

ブレーキ本体についているクイックリリースを解放する。これをしないとタイヤがブレーキシューに当たって抜けない

3

続いてはホイール側のクイックリリースレバーを緩める。手で緩められないくらいに固かったら締めすぎだ

4

タイヤを上から軽く押すとストンと下に落ちる。あとは抜き取るだけ。慣れれば手を汚さずできるようになる

5

ホイールが抜き取りにくい場合は、ディレーラーを軽く押してみよう。チェーンテンションが弱くなるのだ

6

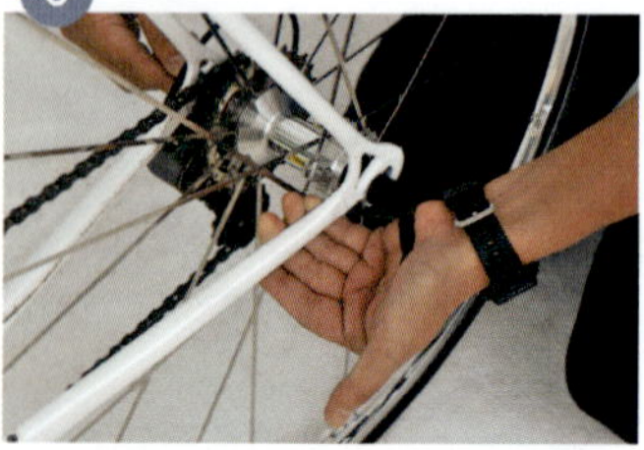

逆の手順でホイールをフレームに装着し、最後はクイックリリースを締める。ブレーキ側も忘れずに

ペダル

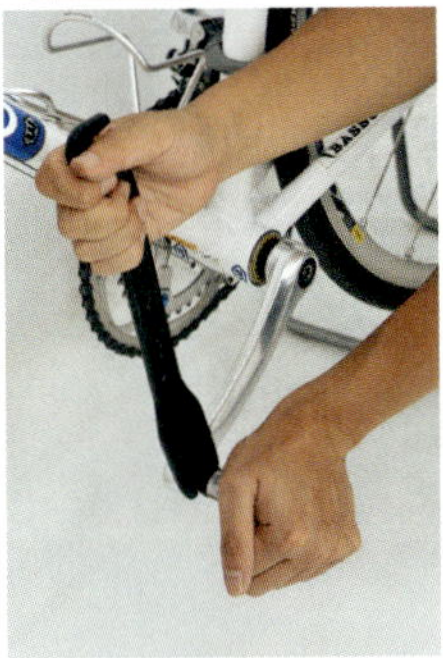

ペダルは左が逆ネジ（反時計回りで締まり、時計回りで緩む）、右が正ネジ（反時計回りで緩み、時計回りで締まる）と覚えておこう

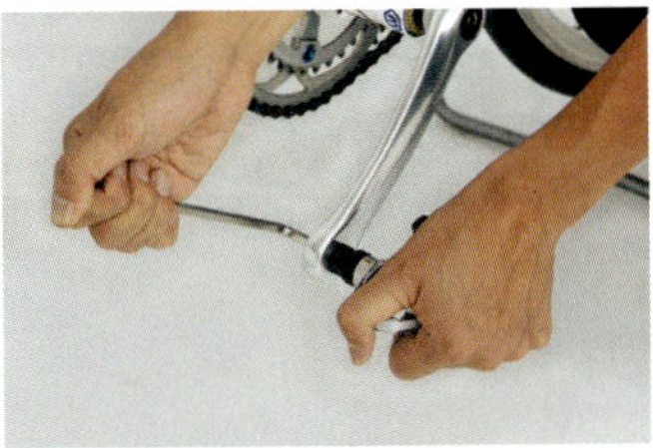

着脱はペダルレンチ（15mmのメガネ）かアーレンキーで行う。どちらか片方にしか対応していないペダルもある

ポイント

ホイールを装着する際、必ず最後にブレーキのクイックリリースが締まっているか確認しよう。開いたままだとブレーキが利かなくなり危険だ

左ペダルが逆ネジ、右ペダルが正ネジなので、ネジ山を見ればどちらが左右かがわかる。ペダルそのものに「L」「R」の刻印が入っていることも

コツさえ押さえれば誰でも簡単にできる

スポーツ自転車を維持していくうえで必ず覚えておきたいのが、ホイールとペダルの着脱だ。輪行時、クルマに積むとき、室内保管するときなどなど、とにかくこの2つの着脱頻度は高い。作業は慣れさえすれば、メカが苦手な人でもそんなに難しいことはない。ただし、走行に直接影響する場所でもあるので、くれぐれもミスのないようにしたい。もし不安があるようなら、購入したショップに行けばすぐにでも教えてくれるだろう。

ホイールは簡単に緩まない程度にしっかり締めて、ブレーキのリリースをクローズするのを忘れないようにすること。ペダルはネジの回転方向を間違えないことがポイントだ。

チューブ交換のやり方

1

まずはバルブ先端のネジを緩めてチューブから空気をすべて抜く。バルブがない側からタイヤを外していく

2

タイヤを外すときはタイヤレバーを使用。ていねいに浅く差し込むのがコツ。深く入れるとチューブを傷つけることがある

3

1本目のすぐそばに2本目を差し込む。こうすることでタイヤが浮き上がり、抜きやすくなる。タイヤレバーは差し込んだまま

4

2本のタイヤレバーでタイヤをめくる動作を繰り返すと手で外せるようになる。全周めくったらチューブを手で引き出す

5

チューブをおおよそ引き抜いたらタイヤをめくってバルブ部分を抜く。ここはとてもデリケートなので、ていねいに

6

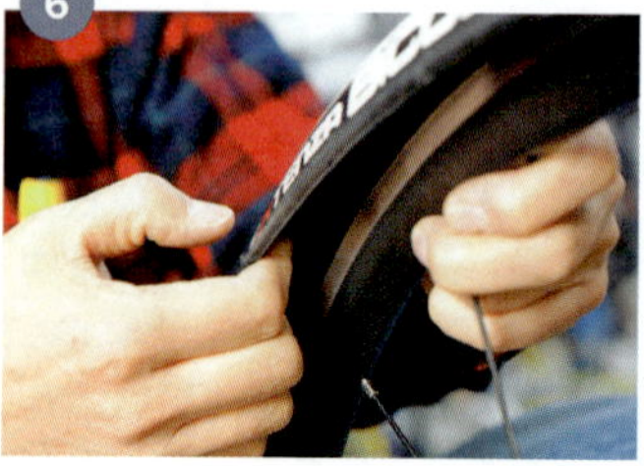

チューブを入れる前にタイヤの内側に異物が刺さっていないか、ゴミや砂などが付着していないかを確認する

7

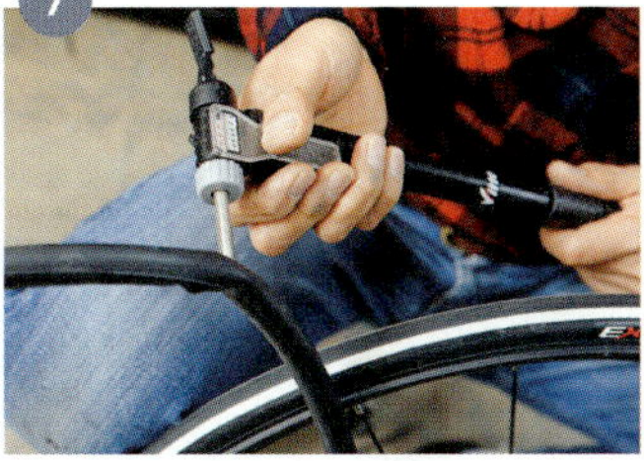

チューブをタイヤ内に収めるときは空気入れで事前にエアを入れておく。チューブが軽く膨らむくらいでいい

8

バルブ部分をはめ込んでからチューブをリムの中に押し込んでいく。タイヤとリムにはさまれないように注意

9

チューブが入ったら、バルブを押し上げて噛んでいないか確認。そのあとタイヤをリムにはめ込んでいく

10

タイヤのはめ込みは手でやるのが基本だが、固いときはタイヤレバーを使う。リムに沿って浅めにレバーを差そう

11

最後のタイヤレバーをめくり上げれば出来上がり。チューブがリムに噛んでいないか全周確認して空気を入れる

パンク修理パッチを使うコツ

パッチを使ったパンク修理を行うときは、紙ヤスリで穴のまわりを広めにしっかりとこすり、ゴムの素地を出してから貼るのがポイント。パッチを貼ったあとは硬いものを使ってしっかりと圧着するのも忘れずに

洗車について

ロードバイクは水が抜ける構造になっていないのでひどく汚れた場合を除いて、水洗いは避けたい。通常の清掃は濡れ雑巾で汚れを落としたあと、市販のクリーナーなどで磨くとよい

もし水洗いすることになっても前後のハブまわり、BBまわりにはかけないようにしたい。水分が混入して油分が落ちるほか、サビを発生させる原因にもなる

水で流さずクリーナーで拭き取る

自転車をクリーニングする際は、かなり汚れてしまった場合を除き、クルマのようにジャブジャブと水洗いはしないほうがいい。BBやハブといった密閉構造のパーツに水が入り込んでサビが発生したり、油分が流れてしまい動きが悪くなってしまう恐れがあるからだ。濡れ雑巾で大まかな汚れを拭き取り、あとは専用のクリーナーで磨くのがベターである。愛車を美しく保つことでより愛着がわくのはもちろん、清掃時に思わぬトラブル箇所の発見につながることもある。できるだけこまめに行うようにしたい。

注油のポイント

ブレーキアーチ

ブレーキの動作やタッチに大きく影響する部分。適度にオイルを差すように

フロントディレーラー

地面に近いぶんゴミやホコリで汚れやすい。注油後は余計な油分を拭き取る

プーリー

地面に近く常に回転し続けているプーリー。油分が切れると異音の原因にも

ブレーキのスプリングブッシュ

常にキレイにしておきたい部分。タイヤやリムに油分が付着しないように注意

適度な注油で本来の性能を引き出そう

　注油はスポーツ自転車本来のパフォーマンスを維持し続けるために、必要不可欠なメンテナンスといえる。注油を怠ると性能を発揮できないばかりか、トラブルの原因にもなりうるからだ。チェーンはもちろんだが、ブレーキアーチ、フロントディレーラー、プーリー、ブレーキのスプリングブッシュの4カ所もマメに油を差すようにしよう。ただし過度な注油はゴミが付着する原因にもなるので注意。また、リムやブレーキシューなどにオイルが付着しないようにしよう。ハブとBBは専用工具が必要なのでショップにまかせよう。

長距離を走る前の点検

ブレーキまわり

○

リムとブレーキパッドの間隔が左右均等になっていて、ちゃんとリムの中央に当たっているか確認。必要であれば当たり調整ネジやシューの位置調整を行おう

×

ブレーキシューが片側のみに当たっている状態。ブレーキのタッチが悪くなるほか、回転の妨げになる。ブレーキは命に関わる箇所だけにプロにお願いするのも手

タイヤ

目と手でタイヤ表面の状態を確認。異物が刺さっていないか、キズがないか、ヒビ割れがないかなどを確認。これだけでパンクを未然に防ぐことができる

変速機構

アウター・インナー、ロー・ハイまでちゃんと変速が行われているかをチェック。また、ワイヤーそのものにささくれ等がないかも見るようにしよう

チェーン

クランクからの力を後輪に伝えるチェーン。注油したあとは必ず余分な油を拭き取るようにしよう。様々なタイプのオイルがあるので、走行スタイルに合ったものを

点検でトラブルを未然に防ぐ

トラブルの大半は、ツーリングに出かける前に自転車の状態をしっかり確認していれば防ぐことができる。チェックしておきたいポイントは大きく分けて「ブレーキまわり」「タイヤ」「変速機構」「チェーン」の4つ。どれもが快適性や走行性能に直接影響してくる部分でもある。もちろんこれ以外にヘッドまわりの動きに違和感がないか、ネジに緩みがないかも確認しておくとベストだ。どれも特別な作業ではないので、ロングツーリングに出かける前は必ず行うようにしたい。また、ブレーキパッド、ワイヤー、タイヤ、チェーンは消耗品なので、痛みがひどかったら迷わず交換しよう。

ブレーキについて

調整方法とチェックポイント

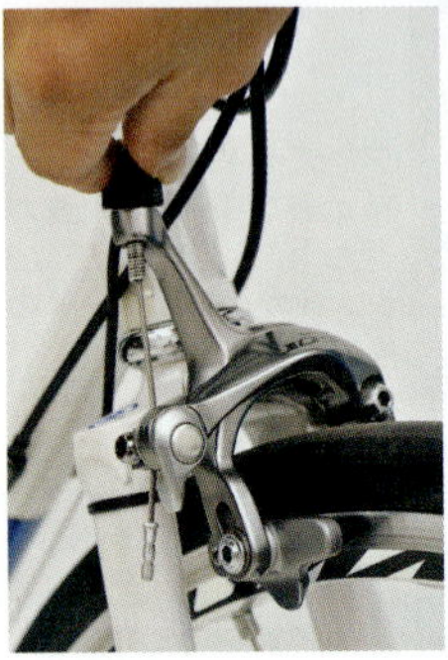

引き代の調整――その1
ここのネジを回すことで引き代を調整できる。自分好みの位置に合わせよう

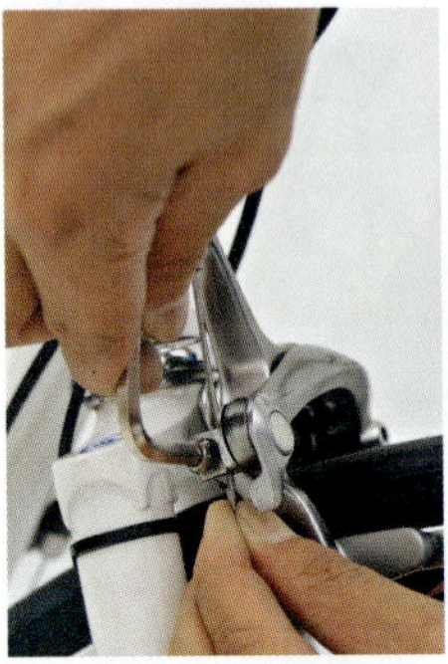

引き代の調整――その2
大幅に調整が必要な場合は、ワイヤーそのものの締付位置を移動させる

ブレーキシューの取り外し
取り外しはここのボルトで行う。角度や位置の調整はプロにまかせよう

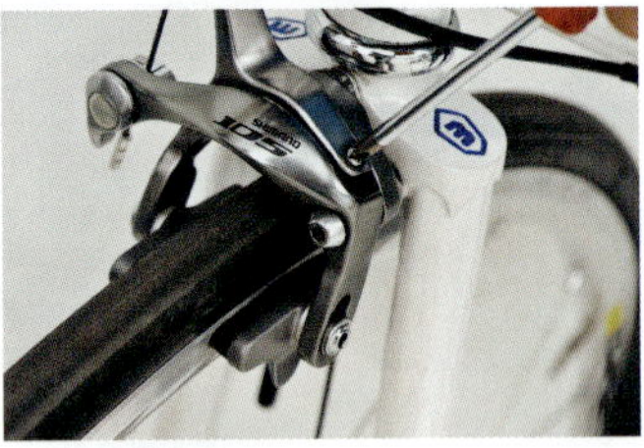

片効き調整
レバーを握ってシューがリムに均一に当たっていない場合はこのネジで調整する

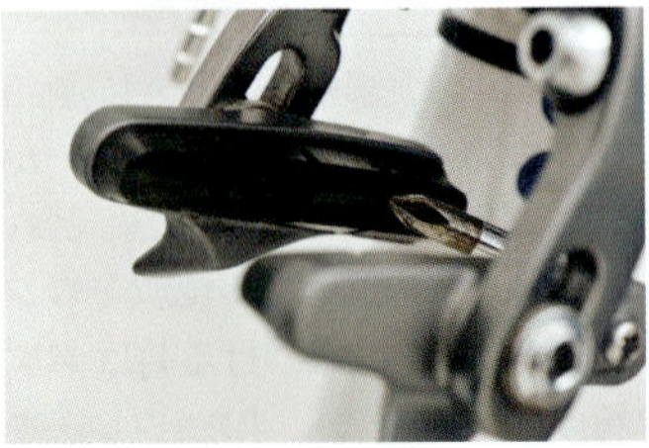

シューの確認
ホイールを外したときは、シューに異物がはさまっていないかチェックしたい

あなたのブレーキはどっち?

右と左のブレーキレバーがそれぞれフロントとリア、どちらに作動するかも知っておこう

ブレーキの種類

スモールキャリパーブレーキ
ロードバイクに装着されているほとんどのキャリパーがこのタイプ。リーチが短めで剛性が高いのが特徴だ

ラージキャリパーブレーキ
同じキャリパーブレーキでもリーチが長いのがこちら。左の写真と比べてほしい。泥よけや太いタイヤの装着が可能

Vブレーキ
MTBやクロスバイクに採用されていることが多い。このほかカンチブレーキがある

ブレーキは自転車部品のなかで最重要項目

自転車のメンテナンスにおいてもっとも重要といえるのがブレーキまわりである。止まることができないと、自分だけでなく周りの人を巻き込む恐れがあるからだ。完全な分解・整備はプロフェッショナルの手にゆだねるべきだが、ここでは自分でもできる調整と点検を挙げておいた。ホイールの着脱をするだけでブレーキの芯がずれてしまうことが多いので、「片効き調整」だけでも覚えておくようにしたい。これだけでもかなりフィーリングは変わってくるはず。きちんと整備されたブレーキは、レバーを引くのが楽しくなるほどの絶妙なタッチと制動力を生み出す。しばらく整備していないという人は、一度ショップに持っていこう。

転倒したときのチェックポイント

ペダル

ペダルがスムーズに回るか確認。ビンディングならシューズとの結合部分がしっかりと機能するかもチェック

リアディレーラー

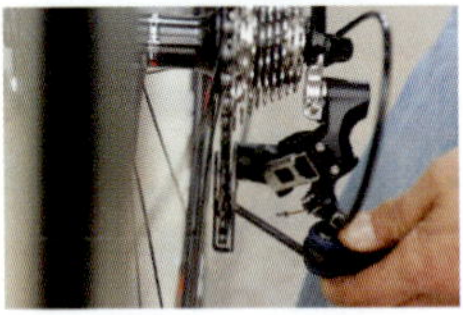

レバーを動かしてローからトップまでちゃんと変速するかをテスト。プーリーゲージがスポークに当たらないかも見る

クイックリリース

転倒の衝撃でクイックリリースが緩むことがある。そのまま走るとかなり危険なので一度締め直しておこう

転ぶとき!? のテクニック

転倒するときは体をギュッとコンパクトに縮めて外圧に備えよう。骨折する可能性があるので手や足を出さないように。実際にはなかなかうまくいかないが、万が一のことを考えてイメージしておくといい

ハンドルまわり

ハンドルがずれていたら、ボルトを緩めてタイヤを太ももに挟んでセンターを出す。最後に締めるのを忘れずに

足まわり

タイヤに異物が刺さっていないか、スポークが折れていないかを確認。ホイールの歪みは実際に手で回して目視

走りだすその前に、一度全体をチェックしよう!

人前で転倒してしまうと、恥ずかしくてすぐに走りだしたくなってしまうもの。しかし、転倒によって体はもちろん自転車だって思わぬダメージを受けている可能性がある。必ず各部を点検してから再出発するようにしたい。

まずは歪みやすいハンドルまわりをチェック。シフト、ブレーキレバーが曲がっていないか、ブラケット、ステムがずれてしまっていないかを確認し、歪んでいるようなら上記の手順で調整したい。前後ホイールのクイックレバーの緩みも、そのまま走ると重大なトラブルに発展しかねないので必ず見るようにしたいポイントだ。

一見しただけだとわかりにくいのが、リアディレーラーを支持しているハンガーの曲がり。ここが曲がっているとちゃんと変速できないのはもちろんのこと、最悪、プーリーゲージがスポークに巻き込まれて、車輪がロックするという危険なことにもなりかねないので注意しよう。

ディレーラーが曲がったときの応急処置

ここの間隔をチェック!

ディレーラーのケージとスポークの位置を確認するときは、いちばん軽いギアに入れる。この位置でスポークとケージが接触していなければOK

ディレーラー本体をしっかりとつかんで、全体をゆっくりと外側に引っ張る。急激に力をかけないように。あくまで応急処置と考えよう

修正はあくまで応急処置と考えよう

転倒でディレーラーが衝撃を受けるとフレームへのダメージを軽減するために、ディレーラーを支持しているハンガーと呼ばれる部分が歪むようになっている。ハンガーは軟らかいアルミでできているので、万が一、曲がった場合は手で応急処置を。ただし、一度曲がってしまったものを修正すると強度が落ちてしまうため、帰宅後に必ず新品に交換しよう。エンドが歪んでいるとプーリーが後輪に巻き込まれるなど、大きなトラブルにつながることもある。

シフトワイヤーが切れたときの対処法

シフトワイヤーが切れるとチェーンはトップギアで固定される。ペダリングがもっとも重い位置になるので走行も困難だ

上りも下りもある程度対応できることを考えて、チェーンを3番目のギアに移動。チェーン位置は状況に応じて判断しよう

プラスドライバーを使い、縦に並んだネジの上側（H側）のネジを回し、ディレーラーが動かないように固定する

ディレーラーを固定して対処すべし

旅先だと対処に困るのがシフトワイヤー切れ。ロードバイクにはトップノーマルのディレーラーが採用されているので、ワイヤーが切れた状態のままだとチェーンがいちばん重いギアに固定されてしまうのだ。もっとも効果的な応急処置としてはディレーラーを状況に合ったギアに固定し、動かないようにしてしまうこと。ディレーラーの調整ネジを回すことでギアを任意で選ぶことができるのだ。普段からワイヤーの状態を確認するのも忘れないようにしたい。

携帯ポンプを使うコツ

確実にバルブと接合させたあと、低圧モードにしてから長いストロークで繰り返しポンピングする

ポンプに圧がかかりポンピングが重くなってきたら、ストロークを短くして高圧モードに切り替え。可変式であれば、細くて長いポンプのほうがエアを入れやすい

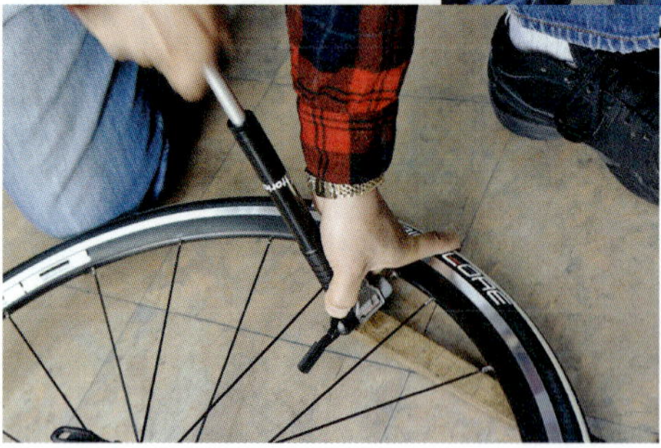

最後までしっかりエアを入れるために、ポンプの頭を平らなものにあてがってとどめの押し。ツーリング先なら石やアスファルトなどをうまく使おう

携帯ポンプで空気をラクに入れる方法

ツーリング中のパンク修理に欠かせない携帯ポンプだが、ロードバイクの高圧タイヤで使うにはちょっとしたコツがいる。まず口金をしっかりバルブに接合し、抑えながら充填すること。ここがぐらついているとエアが漏れるばかりか、フレンチバルブのロックネジを折ってしまうことがあるので注意。圧が高まるとかなりの力が必要なので、ポンプの頭を平らなものにあてがいながらリム打ちの心配のない空気圧までポンピングしよう。

CO_2ボンベの使い方

ボンベの噴出口を装着したら、レバーを軽く握り少しだけCO_2ガスを注入する

ガスが漏れずに入っているようであれば、レバーを強く握り一気に入れよう

CO_2ボンベはレバー調整機構付きを

CO_2の噴射具合をレバーで調整できるタイプがオススメ。カバーがあるので噴射時にボンベが冷たくなっても、素手で握っていられるのだ

いざという場面で失敗しないために

携帯性に優れ高圧まで一気にエアを入れることができるCO_2ボンベは、荷物をなるべくコンパクトにまとめたいライダーや、携帯ポンプで高圧までエアを入れるのに苦労する女性ライダーには便利なアイテム。しかし、使い方を誤るとガスがあっという間に漏れてしまいボンベの再使用ができなくなる。いざという場面で泣かないためにも事前に練習するようにしよう。使いやすいのは、CO_2の噴射具合を調整するためのレバーが備えられたタイプ。これならばガスが漏れていないかを確認したうえで注入することができるので、失敗のリスクを減らせる。ちなみにCO_2ガスは抜けやすいので、あくまで応急用として考えよう。

自転車の各部の名称

サドル
SADDLE
シートレール
SEAT RAIL
シートクランプ
SEAT CLAMP
シートピラー
SEAT PILLAR
リアブレーキキャリパー
REAR BRAKE CALIPER
ブレーキシュー
BRAKE SHOE
シートチューブ
SEAT TUBE
リアスプロケット
REAR SPROCKET
リアディレーラー
REAR DERAILLEUR
フロントディレーラー
FRONT DERAILLEUR
チェーンリング
CHAIN RING
プーリー
PULLEY
チェーン
CHAIN
ボトムブラケット
BOTTOM BRACKET

ボトルケージ
BOTTLE CAGE
ハンドル
HANDLE
ステム
STEM
ブラケット
BRACKET
トップチューブ
TOP TUBE
ブレーキレバー
BRAKE LEVER
PRIMATO
フロントブレーキキャリパー
FRONT BRAKE CALIPER
ヘッドチューブ
HEAD TUBE
フロントフォーク
FRONT FORK
DE ROSA
ハブ
HUB
タイヤ
TIRE
ペダル
PEDAL
リム
RIM
クランク
CRANK
ダウンチューブ
DOWN TUBE
スポーク
SPOKE

用語辞典

あ

【アーレンキー】 六角レンチのこと。自転車に多用されている六角穴付きボルトを回す工具だが、自転車業界ではこう呼ばれることが多い。

【アウターギア】 フロントギアのなかで、いちばん外側にある大きい（重い）ギアのことを指す。

【アナトミックハンドル】 ドロップハンドルのブラケット下側を、握りやすいよう直線形状にしたハンドル。

【インテグラルヘッド】 剛性アップと軽量化を図るために、ヘッドチューブ内にベアリングを内蔵してフロントフォークを固定する方式。

【インナーギア】 フロントギアのなかで、いちばん内側にある小さい（軽い）ギアのことを指す。

【インフレーター】 空気入れのこと。厳密には携帯ポンプやCO_2ボンベのことを指してこう呼ぶ。

【エンド金具】 輪行時、車輪を外した状態のフォークやリアディレーラーを保護するためフロント、リアのエンド部に取り付ける金具のこと。

【エンド幅】 車輪を取り付ける爪の左右幅のことで、車輪を組む際にはこの幅に合ったハブを選ぶ必要がある。一般的に後輪爪のエンド幅はロードバイクが130mm、MTBが135mmとなっており、クロスバイクはそのふたつのサイズが混在している。フロントは主に100mmとなっている。

か

【カンパニョーロ】 1933年に創業したイタリアのコンポーネントメーカー。クイックリリースやダブルレバーの変速方式など、現代のロードバイクに欠かせない機構を多数開発。工芸品のようなデザインにファンが多い。

【キャンピング車】 70年代に流行した長距離旅行用自転車。大量の荷物を載せることを前提に、前後に頑丈なキャリアを装備していた。

【Qファクター】 ペダル左右の中心から中心までの距離のこと。ここの数値が大きくなるとペダルが回しにくくなる（特に身長の低い人）。大きく変更することはできないが、ペダルの軸長やクリートの位置を変えることである程度の調整は可能。

【クリンチャータイヤ】 タイヤとチューブが別体となったタイヤのこと。WOタイヤとも呼ばれる。

【ケイデンス】 1分間にクランクが何回転したかを表す数値。一般的に70～90回転で効率がよいとされる。

【ケブラービード】 リムと接触する端部（ビード）にケブラー素材を入れたタイヤのこと。ワイヤービードに比べ、軽く、コンパクトに折りたためるのが特徴。アラミドビードと表記される場合もあるが意味は同じ。

【高張力鋼】 一般鋼材のマンガン含有量を増やすことで強度を高めた素材。安価な自転車のフレームやフォークに用いられる。

【コクピット長】 ハンドルの中心（ステムの先端）からサドルの中心までの直線距離。最適なポジションを決めるには欠かせない数値。

【コンパクトクランク】 50-34Tなど、ギア歯数の少ない（軽い）チェーンホイールを装着したクランクセット。

【コンポーネント】 クランクセットやシフター、ディレーラー、カセットスプロケット、チェーン、ハブ、シフター、ブレーキといった自転車を構成する基本パーツの総称。

さ

【サイクリングターミナル】自転車旅行を楽しむために設置された公共の宿泊施設のこと。北海道から九州まで全国25カ所に設置されている。

【サイクルモード】年に一度、東京と大阪で開催される国内最大級の規模を誇るスポーツ自転車の展示会。国内外ブランドの自転車やパーツの展示&試乗、サイクルウェアのファッションショーなども行われている。

【シマノ】優れた技術と信頼性によりバイクコンポーネントでは世界一のシェアを誇る日本メーカー。

【ジャイアント】台湾に本拠を置く世界最大のスポーツサイクルメーカー。カーボン素材を自社で製造できる高い技術力と生産力を備え、他社製品のOEMも手掛けている。

【シャローハンドル】ドロップ部の曲がりが浅くリーチの短いドロップハンドルのこと。下ハンドルを持っても前傾がきつくならないため、ツーリング自転車によく用いられる。

【シングルトラック】二輪車しか通れない未舗装道のこと。四輪車が通れる道はダブルトラックと呼ばれる。

【スカンジウムアルミ合金】7000系のアルミに希少金属であるスカンジウムを添加して剛性を高めたもの。高級アルミバイクで採用される。

【ステム長】コラムの中心からステムのクランプ部中心までの長さ。ポジションやハンドリングに影響する。

【スラム】アメリカ・シカゴに本拠を置くコンポーネントメーカー。近年はプロツアーチームに機材を供給するなど、シマノ、カンパニョーロに次ぐ3大コンポメーカーの一翼を担う。

【スローピングフレーム】トップチューブがヘッド部からシートチューブにかけて傾斜しているフレーム形状のこと。軽量化と剛性アップ、空気抵抗の減少といったメリットがある。台湾のジャイアントが他社に先駆けて採用した。

【センチュリーライド】100マイルまたは100kmを制限時間内に走るサイクリングイベントのこと。毎年9月にハワイで行われる「ホノルル・センチュリーライド」が有名。

た

【ダボ】フレームに設けられた部品取り付け用のネジ穴のこと。ツーリング車にはフェンダーダボやキャリアダボが搭載されている。

【ダンシング】いわゆる「立ちこぎ」のこと。スポーツサイクルでは、レースでアタックをかける際や、座ったままだと上りきれない坂道、姿勢を変えてリフレッシュしたい場合などに行われる。

【チューブラータイヤ】タイヤケーシングにチューブを縫い込んで一体化させたタイヤのこと。専用の接着剤、もしくは接着テープでリムに固定させる。

【チューブレスタイヤ】その名のとおり、チューブを用いないタイヤのこと。乗り心地がよいのが特徴だが、対応のリムにしか装着できない。

【ツール・ド・フランス】毎年7月にフランスで行われる世界最大規模のプロロードレース。今年で100回目を迎えた伝統のレースだが、近年はドーピングをめぐる数々のスキャンダルが発覚。英雄的存在となっていたランス・アームストロングがタイトルをはく奪されるなど、その真価が問われている。

【テーパーヘッド】ステアリングコラムの下側の径を上側より大径化することで剛性を高めたもの。近年、中級以上のロードバイクでは主流となったテクノロジー。

【ディープリムホイール】空気抵抗を減らすためにリムを高くしたホイール。

一般的にはリム高40mm以上のものがこう呼ばれる。

【デュラエース】シマノが販売する最高級コンポーネントの商品名。現行型は9000系と呼ばれ、リア11速や4アーム式クランクなどを採用。

【トリプルクランク】3枚のチェーンリングを持つクランクセットのこと。重い荷物を積んだ状況での登坂路に対応するためツーリング車には多く採用されている。

な

【内装変速機】リアハブに変速機構を内蔵したもの。密閉性に優れ水や汚れに強いが、重いのが欠点。これに対し、ディレーラーによってチェーンをずらして変速するものは外装変速機と呼ばれる。スポーツ自転車は後者が主流。

【日東キャンピー】国内自転車パーツメーカー、日東が販売する定番ツーリングキャリア。重い荷物を積んでも長距離を走りきることができる抜群の耐久性が特徴で、長年にわたりツーリストの絶大な信頼を得ている。

【ニップル】リムとスポークとつなぐ部品のこと。これを締め込むことでスポークにかかるテンションが調整できる。締緩作業はニップル回しという専用工具で行う。

は

【バーエンド】フラットバーハンドルの両端に付けることで、ポジションの自由度を高めることができる補助パーツ。立ちこぎで坂を上るような局面で効果を発揮する。

【歯数】前後スプロケットの歯の数。歯の数の後にTをつけて表記される（歯が53歯の場合は53T）。丁（ちょう）と表記されることもあるが、これはTに形が似ていることから当て字されたもの。

【ハブダイナモ】リムにローラーを押し付けて発電するローラー発電機に対し、ハブ内に発電機を内蔵し、ハブの回転によって発電する機構のこと。ペダリングが重くなるといった、駆動ロスが少ないのが特徴。

【ハンガーノック】ロングライドなど、激しい長時間運動によりエネルギーであるグリコーゲンが欠乏し、低血糖状態で体が動かなくなること。糖質補給をすることで回復する。

【ビンディング】シューズとペダルを金具で結合することで、ペダリング効率を高めることができるシステム。正しい位置に足を固定すれば、踏み足と引き足の両方の力をクランクに伝達できるようになる。

【ブチルチューブ】合成ゴムを使用したインナーチューブのこと。空気が抜けにくいがやや重い。

【フラットバーロード】軽量なフレームに細身の700Cタイヤなど、ロードバイクに近い構成をもつ車体にフラットバーハンドルを装着した自転車のこと。クロスバイクとの明確な線引きはないが、クロスバイクが変速機やブレーキにMTB用パーツを多く用いるのに対して、ロード用パーツを多く採用しているのが特徴。

【ブルベ】制限時間内に規定された距離を走る公道ロングライドイベント。レースのようにタイムを競うのではなく、200～1400kmといった長距離をサポートなしで完走することを目的として行われる。

【プレスフィットBB】フレームにねじ込むのではなく圧入方式で取り付けるBB（ボトムブラケット）のこと。現在のカーボンロードバイクでは主流になりつつある手法だ。

【ホリゾンタルフレーム】トップチュー

ブが地面と水平になったフレームのこと。かつてはほとんどのロードバイクに採用されていたが、カーボンフレームが主流になった現代ではむしろ少数派。現在はピナレロやデローザがホリゾンタルのカーボンフレームをラインナップしている。

【ホローテックⅡ】 右側のクランクアームとBBを通るシャフトが一体化されたシマノ製のクランクのこと。剛性の向上と部品点数を減らすことによる軽量化がメリットだ。

ま

【マヴィック】 完組みホイールで知られるフランスの自転車部品メーカー。世界に先駆けてアルミ合金製のリムやアルミスポークを実用化するなど高い開発力、技術力を持つ。

【モノコックフレーム】 パイプをラグで継いで作るのではなく、カーボン樹脂を金型で一体成型したフレームのこと。設計自由度が増すため空気抵抗を極限まで減らしたいTT（タイムトライアル）バイクなどに多く採用されている。

や

【油圧ブレーキ】 ワイヤーではなく作動油の力で動作させるブレーキのこと。少ない力で強い制動力が発揮できる一方、メンテナンスに手間がかかる。ディスクブレーキで多く採用されるが、スラムの最高級ロード用コンポ、レッドには油圧式のリムブレーキがラインナップされている。

ら

【ラグ】 フレームのパイプとパイプをつなぐ継手のこと。クロモリフレームの自転車に金属製のラグが多く採用されるが、コルナゴC59のようにカーボンパイプをカーボンラグで継ぐフレームも存在する。

【ラテックスチューブ】 天然ゴムを使用したインナーチューブを指す。ブチルチューブよりも柔軟性が高く、乗り心地や耐パンク性に優れるほか、転がり抵抗も少ない。空気が抜けやすいのが唯一の欠点。

【ランドナー】 2～3泊程度の自転車旅行を想定した伝統的ツーリング自転車。650サイズのタイヤや分割式の泥よけ、下方がハの字に広がったランドナーバーなど、日本の風土に応じた独特のディテールを備え、70年代から80年代にかけて流行した。

【リム打ち】 走行中に段差などを越えた際、段差の角とリムの間にチューブが強くはさまれることによって生じるパンクのこと。タイヤの空気圧が低すぎると起こりやすくなる。

【レーパン】 自転車用レーサーパンツの略だが、自転車乗りの間ではこう略して呼ばれることが多い。通気性が高く、伸縮性に優れた素材を採用するほか、サドルとの接触面にパッドが縫い付けてある。

【レコード】 カンパニョーロ社が発売する最高級ロードバイク用コンポーネントの商品名（現在の最高級モデルは「スーパーレコード」）。シマノ・デュラエースに相当するモデルだが、こちらのほうが倍近い価格設定なので、マニア垂涎のパーツとして知られている。

【ロングバルブ】 エアロリムなど、深いリムを持つホイールに使用できるよう長いバルブステムを採用したチューブのこと。バルブステムが40mmから60mm程度のものをこういう。

わ

【ワイヤービード】 ビードにワイヤーを入れて補強したタイヤのこと。比較的安価なタイヤに多く使用されている。

●ブックデザイン＝松澤政昭
●イラスト＝キモトアユミ、中村知史
●執筆＝石田ゆうすけ、栗山晃靖、佐藤旅宇、長谷川 哲、疋田 智、
堀金 裕、見方 勉、山下晃和、若月武治
●写真＝金子雄爾、大下正人、柏倉陽介、千倉志野、中島真一、
三浦孝明
●校正＝戸羽一郎
●編集＝栗山晃靖、久田一樹（山と溪谷社）

●取材協力＝パールイズミ、PRインターナショナル、ミズタニ自転車、
日直商会

自転車ツーリングハンドブック

2013年11月10日　初版第1刷発行

発行人――――川崎深雪
編　者――――山と溪谷社 アウトドア出版部
発行所――――株式会社　山と溪谷社
〒102-0075　東京都千代田区三番町20番地
問合せ先――――■商品に関するお問合せ先
山と溪谷社カスタマーセンター
☎03-5275-9064
■書店・取次様からのお問合せ先
山と溪谷社受注センター
☎03-5213-6276　Fax.03-5213-6095
ホームページ――http://www.yamakei.co.jp/

印刷・製本――大日本印刷株式会社

Printed in Japan
ISBN978-4-635-50033-3

＊本書の一部は雑誌『自転車人』（小社刊）の過去の記事を再構成、再編集したものです。